AROUND

Vol.99
2025 February

요리의 시간 Eat And Cook

KB195569

ISSN 2287-4216
ISBN 979-11-6754-039-3
KRW 18,000

9 791167 540393

03050

Yona, Kim Hyeonjeong, Park Keemin, Studio Gomin,
604, Punctum, Ddoddo, Soilbaker, Edition Denmark,
Hyundai Motorstudio Busan, Mona Osterkamp

오늘 무얼 먹을지 고민 없이 음식에 있어서는 무던한 편이었다.
나이를 먹을수록 조미료가 강하거나 자극적인 음식을 먹으면
몸이 불편해지는 걸 바로 느끼게 되었다. 먹고 싶은데도 몸이
거부하는 난처한 상황을 거치다 보니 제법 건강한 식단으로
변해갔다. 요리를 잘한다거나 유명한 식당을 찾아다니진
않지만 내가 먹을 음식의 신선한 재료를 고르고, 그 재료가
어디에서 온 건지 생각하다 보면 내 삶을 좀더 좋은 방향으로
이끌어가고 싶어진다. 이번 어라운드 주제를 선정하면서
음식 자체보다 요리하거나 먹는 사람의 취향과 이야기에
더 집중해 보기로 했다. 재료나 음식 본연에 대한 것보다는
어떤 가치관을 가지고 하루를 살아가느냐에 대한 이야기에
가까웠다. 그 사람의 먹는 습관이나 취향은 그들이 살고자 하는
삶과 밀접하게 연관되어 있기 때문이다.
모두의 삶이 좀더 건강한 방향으로 흘러갔으면 하는 바람으로
먹고사는 일에 진심인 사람들의 단단한 이야기를 담았다.

김이경—편집장

Contents

Our Delicious
Moments

함께 먹는 맛

반가워요. 소개를 부탁해요.
그래픽 디자이너이자 예술가로 활동하는 모나 오스터캄프입니다. 독일 베를린의 노이쾰른에
살아요. 다채로운 배경의 사람들이 모인 생동감 넘치는 동네죠. 저는 편집 디자인과 브랜딩,
아트 디렉팅 그리고 사진까지 다양한 예술 분야에서 프리랜서로 일해요. 대체로 책상에 앉아
일하다 보니 일상의 균형을 맞추려고 몇 년 전부터는 세라믹 작품을 만들어보고 있답니다.

사진으로 모나를 처음 알게 됐어요. 사람들과 음식을 나누는 모습이 인상적이었죠.
주로 사랑하는 이들과 함께하는 식사를 포착한 거예요. 저는 맛있는 음식을 중요하게 여기는
사람인데, 다행히 친구들도 그렇거든요(웃음). 그래서 대부분 모임은 음식이 중심이고,
요리도 제 인간관계에서 중요한 역할을 하죠. 여럿이 모여 요리하거나 식사하는 자리는 항상
흥미로운 분위기를 만들어내요.

친구들을 위해서는 어떤 메뉴를 만들어요?
너무 복잡하지 않으면서도 충분히 매력적인 요리요. 예를 들어 간단한 샐러드라도 좋은
재료를 쓰거나 예쁘게 꾸미면 큰 차이가 나요. 지역에서 자란 제철 채소를 사용하는 것도
좋아해요. 애인이랑 베를린 외곽에 있는 공동 텃밭 가꾸기 프로그램에 참여하는데, 직접 기른
재료로 요리하면 정말 뿌듯하고 기뻐요. 음식이 만들어지기까지 얼마나 큰 노력과 정성이
필요한지 깨달았죠. 언젠가는 저만의 작은 농장을 꼭 갖고 싶네요.

즐거운 식사 자리에서 셔터를 누르는 일은 상상만 해도 행복한걸요.
스쳐 가는 아름다움을 포착하면 세상을 다른 시선으로 바라보게 돼요. 우리는 빠르게
움직이는 사회에 살고 있어서, 그 속에서 나를 잃거나 무언가 충분하지 않다고 느끼기
쉬워요. 카메라와 함께 잠시 멈춰서 이 세계에 감사할 것들이 얼마나 많은지 발견하고
싶어요. 사진으로 서로가 얼마나 소중하고 중요한 존재인지 깨닫길 바라요.

사진은 어떻게 시작한 거예요?
제 예술 인생의 출발점은 사진이었어요. 고등학교를 졸업하고 뭘 할지 몰라 여러
아르바이트를 하다가, 촬영을 접하고 창작에 흥미를 느꼈죠. 결국 대학에서 사진을
전공하다가 그래픽 디자인으로 전향했어요. 이제는 일상에서 아날로그 필름을 종종 찍으면서
친구들과의 추억, 빛과 색을 담는 작업을 이어가고 있어요.

가장 기억에 남는 친구들과의 식사가 있나요?

벌써 많은 추억이 떠오르는데요. 하나만 꼽자면… 채소를 기르기 시작한 후로 매년 여름마다
친구들을 공원으로 초대해서 일종의 축제를 열어요. 저는 농장에서 직접 수확한 채소로만
요리를 하고, 친구들은 각자 음식을 가져오죠. 성인이 되면 각자의 삶으로 바빠지면서
친구들과 시간 보내기 어렵잖아요. 먹는 걸로 함께 시간을 보내는 자리를 만드는 거예요.

음식은 사람들을 모으고 의미 있는 대화를 촉발하는 힘이 있잖아요.

완전히 동의해요. 음식은 서로를 더 알게 하는 특별한 도구예요. 한 테이블에 앉아 식사하는
것만으로도 누군가와 가까워지잖아요. 여행을 하거나 사람들과 시간을 보낼 때 음식을
나누면서 서로의 삶에 스며드는 걸 좋아해요. 다른 문화의 일면을 경험하고, 누군가를
알아가게 되죠. 서로 가까워지는 더 좋은 방법이 먹는 것 말고 또 있을까요?

요리할 때 좋아하는 순간은 언제인지 궁금해요.

상황에 따라 조금 다른데요. 저를 위한 식탁을 차릴 때 오디오북이나 음악을 들으면서 다른
데 신경 쓰지 않고 음식에만 집중하는 편안함을 좋아해요. 만들어야 할 양이 많거나 다른
사람들과 함께 요리할 때는 조금 혼란스럽고 바쁘지만, 제시간에 끝낼 때 무척 기뻐요.
모두가 완성작을 좋아하면 더더욱 행복하죠. 함께 부엌에서 쌓은 추억은 식사를 대접받는
것보다 더 기억에 남고 독특한 유대감을 만들어줘요.

함께 부엌에 머문 사이라니, 특별한 관계처럼 느껴져요.

한번은 친구들과 직접 파스타를 만들었는데 소요 시간을 잘못 예측하는 바람에 자정
직전에야 요리를 완성했어요. 모두가 굶주리기 직전이었죠. 그래서 다들 음식을 더 맛있게
먹었답니다(웃음). 그때가 아직도 생생하게 기억나네요.

다행히 결말이 좋았네요(웃음). 식사할 때 중요하게 생각하는 부분도 있어요?

재료가 환경에 미치는 영향을 중요하게 생각해요. 성인이 되고 나서는 계속 채식주의 식단을
유지해 왔어요. 가능하면 지역산, 유기농, 제철 재료로 요리하고요. 그렇다고 예외를 두지
않거나 매일 건강하게만 먹는다는 의미는 아니에요. 환경을 위해 할 수 있는 작은 실천을,
최선을 다해 하는 거죠. 다른 사람들과 식사할 때는 그들의 식습관을 존중하려고 노력해요.

이야기를 나누는 요즘은 날씨가 쌀쌀해요. 이맘때 모나의 식탁에 오르는 음식은 뭔가요?

날이 꾸물꾸물한 2월에는 꼭 수프를 끓여요. 속부터 따뜻하게 데우고 싶어서요. 렌틸콩이나
감자수프를 좋아하는데요. 요리할 시간이 없거나 재료비가 부족할 때 해 먹기 좋아요.

간편하지만 든든한 한 접시네요. 어떤 식사를 만족스럽다고 느껴요?

만들기 쉽고 먹는 즐거움이 있는 음식, 딱 그거예요. 보기에도 근사하면 당연히 더 좋겠지만,
때로는 간단한 음식이 가장 큰 위안을 준다고 생각해요.

**마지막으로 각자 꿈꾸는 완벽한 식사를 떠올려볼까요? 저는 언젠가 성대한 독일
크리스마스 마켓에서 슈톨렌을 먹어보고 싶어요.**

꿈꾸는 식사는 너무 많은 걸요. 중요한 건 함께하는 사람들과 분위기죠. 그리고 물론, 음식이
맛있어야 하고요!

H. Instagram.com/mona.osterkamp

《재료의 산책》 출간으로부터 7년.《재료의 산책, 두 번째 이야기》가 징징을
나부끼며 우리 곁에 찾아왔다. 우리는 편의상 계절을 네 개로 나누지만 그 누구도
언제부터 언제까지가 봄인지, 여름인지, 가을인지, 겨울인지 확언할 수 없다.
돌고 도는 계절의 고리 안에서 가장 맛있는 때를 찾아 고개 내미는 재료들을
살피는 일, 두 발로 제철 재료를 찾아 나서는 일이 어쩌면 재료의 산책이 아닐까.
책장을 함빡 채운 포토그래퍼 수인이 찍은 사진들에 하고 싶은 말을 모두
담았다는 요나에게《재료의 산책, 두 번째 이야기》에 깃든 이야기를 청했다.
무언가 벅차오를 것을 예감하면서. (미리 당부하건대, 이 책을 읽기 전엔 공복에 유의할 것!)

에디터 이주연(산책방)   포토그래퍼 최모레

The Season That Cares About Me
흙과 인간을 관찰하고 잇는

요나—재료의 산책

제철 재료를 찾는 건 결국에는 나를 돌보고 사랑하는 비결 같아요.
내가 먹을 걸 찾아 나선다는 점에서 나를 위하는 길이 아닐까요? 제철 재료를
직접 찾아 나서는 사람에겐 분명히 여러 가지가 보일 거예요. 그 재료를
어디서 구하는지 알게 되고, 지금이 어떤 계절인지도 확실히 인지하게 되겠죠.
창밖으로 계절을 느끼면서 마땅히 나야 할 게 나지 않으면
'제철이 없어지고 있네.' 생각해 보기도 할 거고요.

요나의 또 다른 이름, 재료의 산책

오랜만에 재료의 산책에서 만나게 됐어요. 성북구도 한창 겨울이군요. 문 열자마자 맛있는 냄새가 나서 기분이 좋아요.
어서 오세요(웃음). 요리는 인터뷰 마치고 시작하려고 손질만 좀 해두었어요. 채소 육수에 고기도 미리 삶아두고요. 보기에 멋진 음식을 해볼까 하다가, 날이 추우니 육개장으로 해보려고요.

제때 먹으려면 얼른 대화를 시작해야겠네요(웃음). 구례에 집 구하셨다는 소식 들었어요. 여기까지 오기 멀지 않으세요?
아, 최근에 굉장히 많은 오해를 사고 있는데 저 아직 서울에 살고 있어요. 구례를 돌아다니며 집도 구하고 전입 신고도 했지만 아직 이사한 건 아니에요. 구옥이라서 고치는 데만 해도 시간이 꽤 걸릴 거라 당장 이사할 상태는 아니거든요. 지금은 한창 설계하는 단계예요. 리모델링하고 창고 크기의 건물도 새로 지어야 해서 올해는 계속 공사가 이어질 것 같아요. 이르면 내년 초쯤 이사하게 되지 않을까 싶어요.

내년엔 구례에서 재료의 산책 새로운 시즌이 펼쳐지겠군요. 팝업 식당은 계속 이어지는 거죠?
그럼요. 조금 더 재미있는 시도를 해보려고요. 서울에서 구례까지 KTX로 두 시간 반 정도 걸리는데, 구례까지 와주시는 분들께 깊이 있는 경험을 건네 드리고 싶어요. 식사만을 위해 방문하는 것이 아니라 묵고 가실 수 있도록 스테이도 마련해 보려고 해요. 사실 스테이는 제 오랜 꿈이었거든요. 식사 시간만 잠깐 함께하는 게 아니라 구례 풍경도 누리고 잠도 자고 가는 공간을 꿈꾸고 있어요.

조식을 대접하고 싶어서 스테이를 마련하고 싶은 거기도 하고요. 예산이 넉넉한 건 아니어서 겨우 누울 수 있는 수준의 공간이겠지만 차차 만들어 가려고요. 식사를 예약하는 순간부터 찾아오는 길, 일상으로 돌아갔을 때의 여운까지… 아름다운 풍경과 시간 속에 스스로를 멀찌치서 바라보는 시간이 되면 좋겠어요. 다음 시즌으로 만나게 될 구례는 풍경이 정말 멋진데요, 구례에 재료의 산책이 완성되고 나면 제가 하는 역할은 훨씬 줄어들지 않을까 싶어요. 저는 아주 작은 존재고, 광활한 자연이 훨씬 큰 역할을 할 테니까요.

기차를 타고 재료의 산책에 가는 상상만 해도 기대가 돼요. 미리 구례 여행도 계획해 봐야겠는데요(웃음). 지난 《AROUND》 인터뷰가 2020년이었으니 독자들과 5년 만에 인사하는 건데, 그동안 어떻게 지내셨나요?
그간 뭘 했더라…. 아, 결혼을 했네요(웃음).

결혼하고 나니 어때요?
확실히 좋아요. 결혼은 제 인생 계획에 없던 일이라 저한텐 큰 이벤트이기도 해요. 남편이랑은 전부터 알고 지내던 사이였는데, 어느 날 문득 이 사람과 가족이 되면 좋겠다는 생각이 들었어요. 그게 사실 결혼이잖아요. 결혼해 보니까 제 선택으로 만든 공동체라는 데서 오는 힘이 굉장히 크더라고요. 되게 단단해요. 포근하고요.

힘을 느낄 만한 변화가 있었나요?
결혼하기 전에는 모든 작업을 체력적으로 좀 힘들게 했어요. 혼자 일하다 보니까 규칙적이지 않았거든요. 일이 들어오면 에너지 되는 한 다 받아서 몰아치듯 했어요.

밤새워서 할 때도 많았고요. 몰아서 일하고, 몰아서 쉬는
식이었죠. 근데 같이 지내는 사람이 있으니 그렇게 하긴
힘들더라고요. 지금은 남편이랑 재료의 산책 작업을
함께하고 있지만, 결혼 초 남편은 회사원이었으니까 평일
저녁이랑 주말에만 같이 있을 수 있었어요. 자연스럽게
제 스케줄도 그에 맞춰 짜다 보니 퇴근도 없이 작업하던
패턴이 규칙적으로 바뀌었어요. 제 컨디션뿐 아니라
상대방 컨디션도 조절해야 하니까 서로 맞춰가게 된 건데,
그런 배려가 저를 건강하게 만들어 주었어요.

요나가 결혼하고 건강한 삶을 꾸리는 사이
《AROUND》는 10주년도 지나왔고, 어느덧 99호를
맞이하게 됐어요. 다음 호가 곧… 100호.
아, 징그럽다(웃음). 《AROUND》는 저한테 고향 같은
느낌이에요. 같이 성장한 동네 친구처럼 느껴지거든요.
"우리 커서 이런 거 하자!" 하고 이야기 나누던 아이들이
어른이 되어 만난 느낌도 들고요. '재료의 산책'이라는
이름으로 연재를 시작한 게 《AROUND》 5호부터인데요.
그땐 사람들한테 매거진에 연재하게 됐다고 하면
궁금해하다가도 《AROUND》라고 하면 "그게 뭐야?" 하는
반응이었어요. 초반엔 지금만큼 정체성이 확고하진 않았고
캠핑, 라이프스타일 등 다양하게 다루던 잡지였으니까요.
이런 분위기와 장르의 잡지는 없었어요. 명확하지 않은
포지션이라 금세 사라질 거라고 생각하는 사람도 있었는데,
지금은 적어도 제 주변에선 《AROUND》 모르는 사람이

없어요. 그런 시절을 지나 벌써 100호라니…. 재료의
산책이 탄생한 잡지여서 뿌듯하고 애틋한 마음이 커요.

시간이 흘러 재료의 산책은 어느덧 요나의 또 다른
정체성이 되었죠. 재료의 산책은 그동안 어떤 변화를
거쳐왔나요?
처음엔 작은 코너명일 뿐이었고, 이렇게 사용될 거라곤
생각도 못 했어요. 사실 연재 끝낼 당시엔 가게를 하고
있을 때여서 이 이름으로 뭔가를 해야겠다는 생각은
크게 없었어요. 그러다 가게를 정리하고 작업실 형태로
시작하게 됐을 때에야 이름이 필요하지 않을까 싶었는데,
새로운 이름이 잘 안 떠오르더라고요. 재료의 산책이란
이름에도 미련이 좀 남았고요. 《AROUND》에서 연재하던
것들이 제가 앞으로 해나가고 싶은 것이기도 했기 때문에
그 이름을 그대로 쓰는 게 낫지 않을까 싶었어요. 그래서
작업실에서 식당을 오픈할 때 재료의 산책이란 이름을
사용했는데, 이렇게 오래 쓰게 될 줄은 몰랐죠. 저하고
조금 더 딱 달라붙는 이름이 된 계기는 첫 단행본을
내면서부터예요. 단행본 이름도 재료의 산책이었잖아요.
《재료의 산책》을 통해 저를 알게 되는 분들이 하나둘
생기다 보니까 꼬리표처럼 따라붙더라고요. 그러다 보니
저도 익숙해지고 마음에 들어서 어느 순간부터 재료의
산책을 내세워 지금까지 오게 됐어요. 지금은 하나의
브랜드처럼 느껴지기도 해요.

재료의 산책, 두 번째 이야기

《재료의 산책》이 나온 게 2018년인데, 2025년 2월 초에 《재료의 산책, 두 번째 이야기》 출간을 앞두고 있어요. 첫 책으로부터 7년의 세월을 지나온 감회가 어때요?

첫 책은 2018년에 나왔지만 연재를 시작한 건 2013년, 마친 건 2016년이다 보니 더 오래된 기분이 들어요. 《재료의 산책》은 어라운드 사옥을 지을 때 기념하는 의미에서 내게 된 책이었어요. 작가의 꿈을 안고 쓴 글도 아니고, 책을 내겠다는 생각도 없었던 터라 얼떨떨한 느낌이었죠. 그땐 책 만드는 과정을 지금보다 더 몰랐으니까 눈앞에 주어진 것들을 해나가는 데 바빠서 책임감을 느끼거나 엄청난 포부가 있던 건 아니었어요. 오히려 놀이처럼 느껴지기도 했죠. 《재료의 산책》이 인기 있을 거란 생각은 더더욱 못 했어요. 잡지로 이미 나왔던 글을 묶어 내는 거니까 잘 정리된 일기장을 선물 받는 느낌이었는데, 예상외로 이 책이 제게 큰 전환점이 되어 주었어요. 《재료의 산책》으로 엄청 많은 연결이 생겨났거든요. 이걸 평생의 프로젝트로 가져가야 하나 싶은 생각이 들면서 취미로 하던 요리가 생업이 되었어요. 제 마음속에 작게 자리 잡고 있던 것이 이렇게 커진 거죠. 지금은 저와 제 가족의 뿌리처럼 느껴져요.

《재료의 산책, 두 번째 이야기》를 준비하는 과정도 참 길었죠. 첫 미팅이 언제였나 찾아보니 2021년 11월이더라고요. 요나, 장수인 포토그래퍼, 오혜진 디자이너 그리고 편집장과 편집자가 처음 한자리에 모인 날이었어요. 그날 어떻게 기억하고 있어요?

엄청 추운 날이었죠. 에디터님이 양손에 음료 들고 오신 기억이 나요(웃음). 저한텐 무척 설레는 자리였어요. 첫 책은 연재할 때 저 혼자 구상하고, 원고 쓰고, 사진 찍으면서 준비한 콘텐츠여서 스스로 해내는 게 벅찰 만큼 힘든 점도 많았어요. 열심히 쓰면서도 '이걸 누가 보긴 볼까.' 싶은 마음도 컸죠. 근데 두 번째 책은 연재 글을 묶는 게 아니라 처음부터 책을 위한 구상을 해야만 해서 그 출발이 무척 달랐어요. 사진 콘텐츠를 함께 만들어 갈 포토그래퍼도 있고, 기획 단계에서부터 디자이너와 소통하는 점도 새로웠어요. 게다가 워낙 쟁쟁한 분들이라 '되게 멋있는 게 나올 것 같다.' 하는 기대감에 부풀었죠. 그날 미팅은 상상만 하던 게 진짜 시작되려는 자리여서 그저 설레기만 했어요.

연재를 위한 원고가 단기전이라면 책을 위한 원고는 장기전에 가까워서 마음가짐이 달랐을 것 같아요.

맞아요. 연재는 매거진 한 호를 채우기 위한 원고였고, 책으로 엮일 걸 염두에 두지 않았기 때문에 제 몫을 다하기 위해 힘을 꽉 준 것들의 집합체였어요. 반면, 이번 원고들은 책 한 권을 위한 원고였기 때문에 가볍게 쓰려고 노력했어요. 사실 글은 없어도 그만이라는 생각으로 작업하기도 했고요. 사람들한테 전달하고 싶은 것들은 사진이 충분히 전할 수 있으리라 생각했거든요. 사진의 역할이 굉장히 컸기 때문에 글의 역할은 한 20퍼센트 정도여도 충분하지 않을까 생각한 거죠.

"사람들한테 전달하고 싶은 것"이 뭐였어요?

재료는… 정말 예뻐요. 그 아름다운 걸 기록하고 싶었어요. 사실 일상을 살아가며 한 가지 재료를 빤히 들여다볼 일은 잘 없잖아요. 보통은 바로 손질해서 요리하기 바쁜데, 마주 앉아서 가만히 보고 있으면 참 예쁘다는 느낌이 들어요. 강아지나 고양이를 보면 기분이 맑아지듯이 채소 역시 그런 힘을 지니고 있어요. 채소가 가진 여러 형태와 향에서 받을 수 있는 에너지가 분명히 있거든요. 그걸 잘 기록해서 누군가의 집에 놓아 드리고 싶다는 생각이 컸어요. 매일 보는 책은 아니더라도 어느 순간 손을 뻗어 펼쳤을 때 아름답다고 느낄 수 있길 바랐죠. 그런 감각이 여러 방향으로 본인의 삶에 연결될 거라고 생각했거든요. 《재료의 산책, 두 번째 이야기》로 제철 재료를 알게 되면서 계절을 인식하거나, 밥을 먹다가 책에서 본 채소 사진이 떠올라서 '나 지금 예쁜 거 먹고 있네.' 생각하게 되는 것처럼. 지금만 기록할 수 있는 계절도 남겨놓고 싶었어요. 훗날엔 제가 기록해 놓은 것들이 과거의 산물이 될지도 몰라요. 여러 이유로 '옛날에나 먹던 채소'가 될 수도 있는 거고요. 재료의 모습을 기록하고 싶다는 생각은 늘 있었지만 좀처럼 시도하지 못했고, 막상 시작해도 목표가 없으면 소홀해질 것 같다는 생각도 들었는데. 책으로 낸다고 생각하니까 의지가 생기더라고요. 무엇보다 포토그래퍼 수인이와 한 달에 한 번 만난다는 게 큰 원동력이 됐어요. 약간 채찍질 같은 느낌(웃음). '아, 맞다. 곧 수인이 오는 날이지.' 하면서 무엇을 기록해 볼까 생각하는 게 즐거웠어요. 원고를 쓰는 것도 재미있었고요. 요리 과정이 아닌 요리할 때 감각을 전하고 싶던 거라 눈 감고 쓸 때가 많았어요. 수인이 사진을 보면서 떠올리는 거예요. '그 요리할 때 어땠더라….' 중요한 역할은 사진이

하고, 글은 독자들이 제가 느낀 감각을 알 수 있으면
좋겠다는 마음으로 덧붙이듯 써나갔죠.

수인 씨는 《AROUND》와도 연이 있는 포토그래퍼지만
단행본 협업자로서는 요나가 제안해 왔어요. 수인 씨와
함께하고 싶던 이유가 있었나요?
책 작업 들어가기 전에 다른 촬영으로 만난 적이 있어요.
스쳐 가듯 반나절 정도 함께했는데, 영상팀도 있고 또
다른 스태프와 참여자도 많아서 둘이 긴밀하게 작업한 건
아니었거든요. 대화한 기억도 없는데 이상하게 수인이한테
호기심이 생기더라고요. 수인이는 현장에 없는 것처럼
조용히 촬영하는 포토그래퍼였어요. 저는 사진 촬영이라는
건 특히 서로 의식하게 되는 순간 모든 게 흐트러진다고
생각하거든요. 근데 수인이는 현장에서 아무것도 안 찍은
것처럼 조용히 있다가 갔는데, 나중에 결과물을 보니까
너무 멋있는 거예요. '저 사람 뭐지?' 싶었죠. 친구가
돼보고 싶다는 마음이 강하게 들었어요. 사진을 보고
함께하고 싶다고 생각했다기보다는 수인이를 알고 싶다는
느낌이 컸어요. 무엇보다 요리 사진을 전문적으로 찍는
사람이 아니라는 점이 좋았어요. 요리 사진과는 거리가
멀고 사물을 아름답게 바라보는 눈을 가진 사람이면
좋겠다 싶었거든요. 수인이랑 함께하고 싶다고 생각하면서
내내 궁금했어요. '내가 재료를 펼쳐놓고 찍어달라고 했을
때 과연 어떻게 찍을까?'

작업해 보니 어떠셨어요?
확실히 시각이 달라요. 저라면 찍지 않았을 사진만
찍더라고요. 채소가 채소처럼 안 보일 때도 많았어요.
제품 사진처럼 보이기도 하고, 뭔지 모르겠는 형태로
담기기도 했죠. 그걸 보면서 제가 말하고 싶던 아름다움이
이거였다는 걸 알게 됐어요. '그래, 이거야! 이거였어!'
매달 작업 사진을 받을 때마다 감탄하고, 감동하곤 했죠.

특히 기억에 남는 사진 있으세요?
진짜 많은데…, 음… 냄비에서 갓 꺼낸 양배추 사진이요.
잎맥이 너무 아름다워요. 보자마자 이건 크게 뽑아서
걸어두고 싶더라고요.

아, 저 오늘 《재료의 산책, 두 번째 이야기》 가제본
가지고 왔어요. 교정용으로 일반 종이에 무선 제본으로
만든 거라 실물과는 거리가 있지만, 직접 손에 쥐니까
느낌이 다르더라고요.
(가제본을 만지며) 아, 기분이 정말 이상하고… 얼른 실물을
만나고 싶네요. 요리책이 아닌 요리책이라는 점이 정말
좋아요. (뒤표지 고양이 사진을 보며) 근데 이 사진은 왜 넣으신
거예요(웃음)? PDF로 표지 받아보곤 울컥했어요. 나중에
우리 집 고양이가 사라지고 나서 이 책을 보면 너무 슬플
것 같아서요. 제가 그러리란 걸 스스로 잘 알아서 기분이
묘하더라고요. 요즘은 우리 고양이들 사진만 봐도 눈물이
날 것 같아요.

팥도, 나스(요나의 고양이 이름)는 《재료의 산책, 두 번째
이야기》를 기록할 때 함께해 준 소중한 존재잖아요.
표지만큼의 역할을 해준 친구들이죠. 말씀하신 것처럼
저도 데이터 받아볼 때마다 요리 재료인데 재료 같지
않다는 느낌이 드는 게 참 좋았어요. 저는 노랑 주키니
단면 사진 정말 좋아해요.
아, 그거 정말 멋있죠. 수인의 사진으로 독자들에게
상상력을 건네고 싶었어요. 첫 미팅 때도 했던 이야기인데,
《재료의 산책, 두 번째 이야기》에는 일반적인 요리책이
가지고 있는 걸 다 빼고 싶었어요. 재료 사진은 이렇게
들어가야 하고, 과정은 이렇게 촬영해야 하고, 완성 컷은
이래야 하고…. 일반적으로 생각하는 질서를 없애고
싶다고 생각했죠. 요리책을 기대하신 분들은 난해하다고
생각할 수도 있어요. 근데 저는 그래서 좋아요.

1년 동안 열두 번, 수인 씨와 작업하면서 어땠어요?
친구가 되었나요?
네! 오늘도 메시지 주고받았는걸요(웃음). 처음에는 둘 다
낯을 가려서 아무 말도 안 하던 시간도 있었어요. 여럿이

있으면 괜찮았을 텐데 둘만 있으려니 할 말이 없더라고요. 한번은 시장 촬영에 함께 갔는데 카페에 들러서 커피 시켜놓고는 아무 말도 안 하고 한참 앉아 있었어요. 그러다 제가 "갈까요?" 해서 겨우 움직이고(웃음). 한 달에 한 번씩 주기적으로 만나야 하니까, 언젠가부터 자연스럽게 한 달 동안 뭘 하며 지냈는지 근황 얘기로 만남을 시작하게 됐는데요. 점점 그간 생긴 일들을 보고하듯 끄집어내서 이야기하게 되더라고요. 사생활 토크가 이어지면서 점점 더 가까워지게 됐어요. 만나면 일단 두 시간 정도는 수다 떠느라 촬영이고 뭐고 생각도 못 했어요(웃음). 얘기하다 갑자기 주방에 가서 요리를 시작하곤 했는데 그럼 수인이가 "아니, 뭘 하는지 말은 하고 시작해요!" 그러면서 쫓아와선 빠르게 촬영하고⋯. 저는 수인이가 찍고 있다는 인식도 없이 자연스럽게 요리하던 시간이었죠. 완성되면 같이 먹고, 놀고, 얘기하다가 헤어지는 식이었어요. 지금도 자주 만나 밥도 먹고, 얘기도 나누고, 연락은 정말 자주 하면서 지내요. 둘 다 고양이를 좋아해서 고양이 사진을 보내곤 "너무 귀엽지." 하면서요.

《재료의 산책, 두 번째 이야기》에서는 그달의 제철 재료로 만든 요리를 두 개에서 네 개씩 만나볼 수 있어요. 재료와 요리를 계획했다고 해도 시장 상황에 따라 재료 수급이 어려운 때도 있었을 것 같아요. 작업에 어려운 점이나 고민은 없었나요?

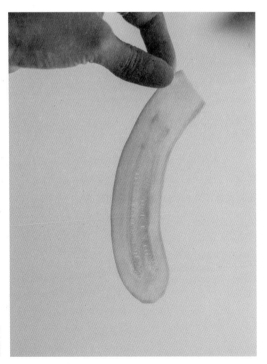

하고 싶은 게 너무 많아서 고민이었죠(웃음). '이 재료들을 어떻게 다 욱여넣지?' 하는 생각을 많이 했어요. 사실 뭘 해야겠다고 정해놓고 시작한 적은 거의 없어요. 시장을 둘러보다가 눈에 띄는 재료를 보고 '이걸로 해볼까?' 하면서 정해진 애들이 훨씬 많죠. 예컨대 꽃다지는 제가 구하러 다닌 게 아니라 마침 그날 농부님이 시장에 가지고 나오신 덕분에 사 온 재료거든요.

재료 선택이 즉흥이었다면 메뉴도 그랬겠군요.
맞아요. '이 재료는 튀겨보면 어떨까? 이건 구워볼까?' 하는 식이었죠. 그래도 조리법을 다양하게 보여주고 싶어서 한 달 치에 해당하는 메뉴 네 개를 전부 튀기거나 굽거나 하지 않고 골고루 보여주고자 했어요.

즉흥이라면 맛을 상상할 수 없잖아요. 막상 하고 보니 재료와 조리법이 안 어울린다거나 맛이 없을까 봐 걱정한 적은 없어요?
기본적으로 저는 맛있음을 추구하지 않아요. 제가 추구하는 건⋯ 조화로움이려나요. 요리를 맛의 완성도로 따지면 요리하기가 힘들어져요. 목표를 두면 실패가 생기기 때문에 만족하기가 어려우니까요. 사실 모든 채소는 생으로 먹어도 괜찮거든요. 그런데 우리가 몸에 잘 흡수시키고자 익히고 요리해서 먹는 거니까 전 그저 잘 익혀서 몸에 넣으면 된다는 생각으로 요리해요. '입에 넣고 씹어서 몸의 일부로 만든다.'의 마음으로요. 그래서 이번 작업에서도 별 다섯 개짜리 음식을 만들어야 한다는 부담은 없었어요. 모든 재료는 먹을 수 있다는 것만으로도 충분히 좋은 재료인데 맛있는 요리, 맛없는 요리로 치부해 버리는 건 아쉬워요. 사실 제철에 난 재료라면 어떤 조리법을 입히더라도 맛이 산으로 가는 일은 없어요. 제철 재료들은 그때 가장 자연스럽게 맛이 좋은 상태거든요. 저는 요리할 때면 제철 재료를 보면서 '어떻게 먹고 싶지?' 하고 상상해요. 그러다 보면 '이렇게 해도 되나?' 싶은 메뉴도 생기는데요. 그런 것도 거르지 않고 책에 담았어요. 독자들이 《재료의 산책, 두 번째 이야기》를 보면서 상상을 하면 좋겠어요. 저는 작업할 당시 제 주변에 맴도는 애들을 잡아다가 무리가 되지 않는 선에서 조리한 걸 기록해 놓은 거니까, 독자들은 자기 주변에 맴도는 제철 재료들로 원하는 조리를 곁들여 보셨으면 해요.

나를 돌보는 제철의 비결

제철 재료가 자연스러운 존재이듯 요나의 요리도 자연스러움을 추구하는 것 같아요. 그러다 보면 내가 좋아하는 조리법을 조금 더 많이 택할 것 같은데, 특히 좋아하는 조리 방식 있어요?
예전에는 오븐에 굽는 걸 특히 좋아했고, 튀기는 건 쭉 좋아해서 이것저것 자주 튀겨 먹었어요. 그러다 최근엔 점점 기름기 없는 쪽을 좋아하게 돼서 많이 쪄 먹고 있고요. 저온에 두고 익혀 먹는 방식으로요. 최근엔 요리할 시간이 많지 않아서 슬로우쿠커에 채소랑 남은 재료들 넣고 며칠 내내 먹곤 했어요. 요새 나오는 것들은 오래 익혀야 맛있는 애들이어서 찌는 것과 더 잘 어울려요. 무, 당근, 연근 같은 애들이요.

겨울에 어울리는 조리법이네요.
맞아요. 봄이나 여름에 나는 애들은 빠르게 익혀 먹는 게 좋은데 겨울에는 천천히 오래 그대로 두는 게 맛이 좋거든요.

지금은 1월이니까 겨울의 한중간일 텐데요. 요즘 제일 맛있는 재료 중 하나를 추천해 주실래요?
무!

작년에 유튜브 〈재료의 산책〉에 무 샐러드 영상 올리셨잖아요. 따라 해봤는데, 엄마가 무척 좋아하셔서 자주 해 먹었어요. 바로 엊그제도요(웃음).
첫 책을 내고 DM으로 요리한 사진을 많이 받았는데요, 지금 딱 그때 기분이에요. 이런 말 들으면 저는 참 기뻐요. 누군가가 제 레시피를 보고 따라 한다는 이야기가 응원이 돼요. 게다가 어머니께 해드렸다고 하니까 더 힘이 나고요(웃음).

《AROUND》 72호 '건강한 식탁(Green Table)' 인터뷰에서 "제철 음식의 첫걸음은 제철 재료가 제때 나느냐의 문제가 아니라 이 계절엔 뭐가 나는지 알려고 하는 마음 같아요. 물론 제철 재료가 제때 난다면 좋겠지만, 당장 바꿀 수는 없으니 지금 할 수 있는 것들을 하는 게 중요한 거죠. '호박은 이맘때가 제일 맛있는 것 같아.' 하고 내가 먹는 재료를 의식하는 것."이라고 이야기하셨죠. 지금 이 시점에서 제철 재료를 정의해 본다면요?
결국에는 나를 돌보고 사랑하는 비결 같아요. 제철 재료를 찾았다고 어디에 홍보하거나 남을 위해 쓸 긴 아니잖아요. 어쨌든 내가 먹을 걸 찾아 나선다는 점에서 나를 위하는 길이라는 생각이 들어요. 물론 지금은 제철이라는 의미가 퇴색되고 있고 계절 상관없이 구할 수 있는 재료도 많지만, 어쨌든 그들이 가진 본성이 있기 때문에 결국에는 때가 중요하거든요. 시금치를 예로 들면, 어디서든 잘 자라고 언제든지 먹을 수 있는 작물이 됐지만 결국에는 추울 때 맛있을 수밖에 없어요. 일부러 춥게 해서 단맛을 끌어올리는 일은 없으니까 겨울이야말로 시금치의 힘이 커져 있을 때라고 생각해요. 그걸 직접 찾아 나서는 사람에겐 분명히 여러 가지가 보일 거예요. 제철 재료를 어디서 구하는지 알게 되고, 지금이 어떤 계절인지도 확실히 인지하게 되겠죠. 창밖으로 계절을 느끼면서 마땅히 나야 할 게 나지 않으면 '제철이 없어지고 있네.' 생각해 보기도 할 거고요. 기후 위기라는 건 사실 말로만 들어서는 실감이 잘 안 나요. 그런데 생활과 연결되면 확 와닿거든요. 내가 관심을 가져온 재료가 사라진다고 하면 느껴지게 될 테니까요. 생활에서 당연하게 갖추고 있던 것들을 빼앗기기 시작하면 경각심이 생길 테니 그런 의미에서도 좀더 관심을 가지면 좋겠어요.

요새 안 보이게 된 재료로 지금 막 떠오르는 게 있나요?
일단 사과요. 조금만 더 지나면 사과 재배도 어렵다는 이야기가 나오고 있어요. 기온은 물론이고 폭우, 그로 인한 병충해도 영향을 크게 미치거든요. 그래서 노지 재배만 하시는 분들은 이제 진짜 못 하겠다는 이야기를 자주 하세요. 그런 걸 생각하면 단순히 '겨울 작물이 안 된다.' 수준이 아니라 앞으로 제때 무언가를 먹고 사는 것이 어려워지지 않을까 하는 위기감이 생겨요.

《재료의 산책, 두 번째 이야기》는 '계절이란 봄·여름·가을·겨울 네 개로 무 자르듯 자를 수 없다.'는 데 뿌리를 두고 있어요. 원고와 사진뿐 아니라 편집과 디자인에도 녹아 있는 기저인데요. 《재료의 산책》은 사계절로 분권할 정도로 확실히 나뉘어 있었잖아요, 어떤 차이가 있다고 생각하세요?
그때도 콘텐츠 분류를 위해 네 권으로 나눈 건 아니었어요. 《재료의 산책》 디자인은 부엌에 두고 요리할 때 가볍게 한 손에 쥐고 볼 수 있는 책이면 좋겠다는 생각에서 나온 거였어요. 그래서 주방 아무 데나 놓을 수 있게 얇고 가볍게 만들었죠. 디자인에 맞춰 원고를 분류하게 됐는데

애초에 계절을 염두에 두고 쓴 글이 아니어서 '이건
겨울이 아닌 것 같은데 겨울에 있어도 되나?' 싶은 원고도
많았어요. 그때도 어느 정도 경계를 지우고 싶다는 마음이
있었기 때문에 계절로 구분될 수 없는 원고를 구분 지어
넣는 것으로 경계를 지워나갔는데요. 《재료의 산책, 두
번째 이야기》는 그 경계를 더 없애고 싶어서 아예 계절을
구분하지 않는 쪽으로 작업하게 됐어요. 디자이너도 기획
단계부터 함께했기 때문에 디자인에도 그 의미가 잘 담길
수 있었고요. 후루룩 넘기며 보는 책, 그러면서 '계절이
이렇게 흘러갔네.' 하고 느끼길 바랐죠.

그래서 시작하는 달과 끝나는 달이 중요하지 않았죠.
계절은 순환하는 거여서 마땅히 시작과 끝이 없으니까요.
고민 끝에 출발은 3월이 맡게 됐는데, 이유가 있나요?
3월엔 경칩이 있어요. 개구리가 깨어나는 날. 개구리뿐
아니라 만물이 깨어나는 시기라고 생각해요. 농사도
슬슬 시동 거는 때이기도 하고요. 3월에는 땅에 불붙이지
말라는 이야기도 있어요. 풀도 자라나고 벌레도 깨어나는
시기이기 때문인데요. 얼어 있던 땅이 녹으면서 모든 게
생동하는 시기니까 세상이 시작되는 달이라는 생각으로
3월에서 출발하면 좋겠다 싶었어요.

《재료의 산책, 두 번째 이야기》는 '오래 읽히는 책이면
좋겠다.'는 마음으로 만든 책이기도 하죠. 그 이야기를
해볼까요?
누군가의 삶에 오랜 친구처럼 줄곧 있어주면 좋겠어요.
《재료의 산책》을 냈을 때 "이 책 자주 꺼내 봐요." 하는
피드백이 정말 좋았거든요. 사람이 사는 공간은 한정되어
있기 때문에 책도 한 번씩 정리될 텐데, 그때 안 보는
책들은 버려지잖아요. 책은 자원을 써서 생산하는 거니까
되도록 오랫동안 곁에 머물 수 있는 책이면 좋겠다고
생각해요. 매일 보는 건 아니더라도 5년 뒤에도, 10년
뒤에도 펼쳐보고 싶은 책이면 좋겠어요. 독자들에게도,
그리고 저에게도요.

《재료의 산책, 두 번째 이야기》 프롤로그에 "나에게
요리란 흙과 인간의 연결을 관찰하고 잇는 작업"이라는
문장을 적어주셨죠. 참 인상 깊은 이야기예요.
흙 묻은 걸 더럽다고 생각하는 사람들이 많아요. 물론 흙을
먹거나 더럽게 쓴 흙이라면 더럽겠지만, 사실 모든 재료는
다 흙에서 와요. 모든 작물은 흙에 있는 미생물들이 키워준
거라고 생각하면 참 고마운 존재죠. 먹고 남은 것들이
다시 흙으로 돌아가 순환을 만든다는 것도 멋진 일이고요.

그런 동그라미 안에서 요리를 하면서 채소를 다루다 보니 흙이란 인간에게 가까이 있어야 하는 거라는 생각이 들었어요. 저는 요즘 좋은 흙을 잘 관리해서 뭔가를 키워 먹고 싶다는 생각을 많이 해요. 그래서 구례로 이사하는 거기도 해요. 서울에서 재료를 구하다 보면 아이러니할 때가 많거든요. 구매자가 서울에 있다는 이유로 작물이 영차 영차 옮겨 오잖아요. 그걸 우리는 비싼 값으로 사서 먹고, 필요한 재료가 없다고 투덜거리기도 하고요. 그러는 중에도 예쁜 것만 남기고 못생긴 건 버리는 삶을 살아가는데, 이건 좀 이상하지 않나 싶더라고요. 그래서 제가 직접 해보고 싶다는 생각이 들었어요. 그것 역시 흙과 인간을 잇는 과정이겠죠.

와! 구례에서 뭘 키워볼지 정하셨어요?
농사는 해본 적이 없어서 아무것도 몰라요(웃음). 그렇지만 농부님들이 하는 일들을 종종 지켜보면서 재밌겠다는 생각은 자주 했어요. 재료의 제철을 알면 더 소중하게 먹을 수 있다는 생각의 연장선인데, 스스로 키운 작물을 먹으면 감회가 훨씬 남다를 것 같아요. '이거 진짜 열심히 키운 건데!' 하면서 먹게 되겠죠. 어떤 채소를 먹든 그 존재 하나하나에 감사해질 것 같아요. 어떤 식사든 내 땀과 눈물이 들어갔다고 생각하면 한 끼가 훨씬 소중해질 거고요. 지금은 음식을 쉽게 배달해 먹고, 사 먹을 수 있는 시대여서 그런 감각이 희미해져 있는 것 같아요. 오히려 너무 쉬운 일이 되어 버려서 과영양이 오기도 하니까 살찔까 봐 걱정하며 적게 먹는 사람도 많고요. 이런 불균형을 다시 원점으로 돌려놓으면 어떻게 바뀔까 스스로 실험해 보고 싶다는 생각이에요.
또 다른 도전이 될 수도 있겠네요. 제철 재료를 다루는 요나의 시선 덕에 익숙한 것을 다시 보게 돼요. 《재료의

산책, 두 번째 이야기》 출간에 앞서 텀블벅 후원을 진행했는데, 1천 퍼센트를 넘어섰잖아요. 저처럼 생각하는 사람이 많다는 걸 실감하기도 했어요.
아(웃음), 그건 아마 책의 힘일 거예요. 저는 식당, 유튜브, SNS 등 다양한 방식으로 재료의 산책을 기록하고 있는데요. 책을 소장하고, 책으로 뭔가를 보는 걸 좋아하는 분들이 많다는 걸 자주 느껴요. 사실《재료의 산책, 두 번째 이야기》콘텐츠는 책이 아닌 다른 방식으로 만들어도 되는 거잖아요. 그런데 책이어서 좋아하는 분들이 분명히 있는 것 같아요. 그게 안심이 돼요. 요리를 따라 만들고 싶어서 구입하는 분들도 계시겠지만 책을 갖고 싶고, 만지고 싶고, 곁에 두고 싶다는 의미에서 선택했다는 게 너무 좋아요.

《AROUND》99호와 함께《재료의 산책, 두 번째 이야기》도 비슷한 시기에 출간될 것 같아요. 눈여겨보길 바라는 부분이 있나요?
사진이요(웃음). 한 장 한 장 다 아름다워서 무엇 하나 고르기가 쉽지 않아요. 펼쳐 보다 보면 좋아하는 컷이 생길 텐데, 그걸 꼭 찾으셨으면 좋겠어요. 사람마다 좋다고 생각하는 이미지가 다를 테니까 언젠가 그런 이야기도 함께 나눠보고 싶어요.

(배에서 '꼬르륵' 소리가 난다.) 제 배가 신호를 보내는데요…. 육개장은 한참 끓여야 하니까 이제 슬슬 준비해 볼까요(웃음)?

《재료의 산책, 두 번째 이야기》
요나 | 어라운드

2018년《재료의 산책》출간 이후 요나가 차분히 쌓아나간 계절이 다시 한번 책으로 엮였다.《재료의 산책, 두 번째 이야기》에는 계절의 순환을 비롯해 자연의 결과물을 보듬는 요나의 손길이 선명하고 감각적인 사진으로 고스란히 담겨 있다. 우리는 그 안에서 요리의 소리를 읽을 수도, 재료를 손질하는 과정을 목격할 수도, 계절 레시피를 따라 부엌 앞에 서볼 수도 있을 테다. 사계가 흐르고 다시 사계가 찾아오는 흐름 속에서 요나가 길어 올린 제철 재료의 면면을 성실히 관찰해 보자. 나의 계절이 지금 어디쯤에 머무는지 가늠해 보는 재미도 있을 것이다.

《재료의 산책, 두 번째 이야기》에 함께한 친구들
사진에 장수인, 디자인에 오혜진

책 소개
수인 • 먹는 일은 종종 너무 당연하게 여겨져 그 소중함을 잊을 때가 많죠. 《재료의 산책, 두 번째 이야기》를 만난다면 의식적으로 먹는 일에 집중하고 그 과정을 즐기며 더 나은 요리 습관을 가질 수 있게 될 거예요.
혜진 • 한마디로 표현해 볼게요. 빨주노초파남보.

첫 느낌
수인 • 재료와 요리를 통해 일상 속 작은 변화와 아름다움을 발견할 수 있는 사진을 담고 싶었어요. 담백하고 차분한 느낌이길 바랐고, 시간이 지나도 계속 바라보고 싶은, 편안하고 자연스러운 매력을 지닌 사진들을 상상했죠.
혜진 • 쌓여가는 시간의 겹을 떠올렸어요.

숨은 이야기
수인 • 《재료의 산책, 두 번째 이야기》에는 요나의 이전 작업실, 이전 집, 현재 작업실, 그리고 현재 집까지, 네 곳의 장소가 모두 담겨 있어요. 사진만으로는 분주한 움직임이 잘 안 보이겠지만 1년 동안 참 많은 이동이 있었죠.
혜진 • '엄청나게 많은 이 사진들을 어떻게 나열하고 보여줄 것인지!' 줄곧 생각했어요.

만족한 지점
수인 • 사소하고 분주한 일상 속에서 미처 느끼지 못한 시간의 흐름과 계절의 변화를 식재료를 통해 깊이 느낀 1년이었어요. 향긋한 봄 내음 가득한 재료들, 생동감 넘치는 여름의 다채로운 재료들, 짙은 색으로 물들어가는 가을의 풍성함, 그리고 따스함이 가득한 겨울 재료까지, 열두 달 내내 계절의 이야기를 풍성하게 경험할 수 있었답니다.
혜진 • 레인보우 책등!

어려웠던 점
수인 • 요나는 아주 조용하고 빠르게 요리를 하는데요, 어떤 과정을 시작하는지 미리 말해주지 않아서 요나의 손에서 시선을 뗄 수가 없었어요. 잠깐이라도 한눈을 팔면 벌써 그다음 재료를 손질하고 있거든요. 자연스럽고 빠르게 요리가 진행되는 과정은 정말 놀라웠어요.
혜진 • 모두 음식 사진이었기 때문에 배고플 때 작업하면 매우 곤란했어요. 항상 든든히 밥을 먹고 작업하려 했죠.

시도
수인 • 레시피에 자주 등장하는 레몬 소금을 직접 만들어 보았어요. 레몬을 소금에 절이면 짠맛과 함께 상큼한 향과 감칠맛이 어우러진 독특한 풍미를 즐길 수 있답니다. 만드는 방법도 간단해요. 깨끗이 씻은 레몬을 얇게 썰어 소금과 번갈아 가며 병에 차곡차곡 쌓기만 하면 됩니다. 제가 시도해본 레시피 중에서도 활용도가 가장 높았어요!
혜진 • 아직은 없지만 작년부터 요리가 취미가 된 터라 책을 보며 찬찬히, 하나씩 모두 시도해 보려고 해요.

좋아하는 제철 재료
수인 • 저는 여름의 재료들 가장 좋아하는데요, 여름의 과일과 재료들은 1년 중 가장 화려하고 아름다운 색채를 뽐내기 때문이에요. 태양의 따사로운 햇볕을 받아 더욱 선명하게 빛나는 과일의 색은 그 자체로 자연이 선물한 아름다움이죠. 마치 태양의 에너지를 그대로 담아낸 듯, 보는 것만으로도 기쁨을 줘요. 풍미를 느낄 때마다 여름의 활기와 생명력이 그대로 전달되는 것 같죠.
혜진 • 아직 초보라서 제철 재료가 무엇인지에 관한 지식까지는 부족합니다만 계절로는 곧 다가올 봄을 가장 좋아해요. 따뜻해지면 시장에 나가봐야겠네요.

이 책의 핵심
수인 • 우리가 아직 모르고 있는, 이 땅에서 나는 재료가 얼마나 많은지 발견할 수 있다면 그 자체로 큰 변화일 거예요. 새로운 재료를 발견하고 활용함으로써 선택의 폭은 더욱 넓어지고, 식탁은 훨씬 더 풍성해지지 않을까요?
혜진 • 이 책은 어딘가를 눈여겨보기보단 멍하니, 나도 모르게 페이지를 넘겨가며 보는 게 어울리는 느낌이에요.

10년 뒤
수인 • 이 책이 당신의 매일의 식탁에 따듯함을 더할 수 있기를 바라요. 바쁜 일상 속에서도 음식을 준비하고 나누는 순간들이 더 소중하게 느껴지고, 그 과정에서 마음까지 다정하게 어루만져지는 책으로 기억되면 좋겠어요.
혜진 • 음… 늘 과거에 예상한 것과 현재가 다르기 때문에, 저는 미래를 예측하지 않아요. 하핫! 10년 뒤에 이야기해 볼게요.

우리에게 주방은 어떤 공간일까. 끼니를 채우는 동안에만 머무르는 곳, 어느 집에나
있지만 그다지 눈여겨보지 않던 곳, 모두가 같은 모양에 같은 쓰임만을 가진다고
생각하는 곳. 오랫동안 공간 디자이너로 활약한 박기민 대표의 키친 퍼니처 브랜드
'MMKMuseum of Modern Kitchen'는 다른 답을 말한다. 주방은 쓰는 사람의 취향과
목적을 분명히 드러낼 수 있는 가능성을 품은 곳이고, 그 공간이 변한다면 그 안에서의
매일도 달라진다고. 그가 제안하는 주방의 면면이 우리에게 매력적인 이유는 아름다운
미감과 높은 실용성뿐 아니라, 그 너머로 쓰는 사람을 형형히 바라보기 때문이다.

쓰는 사람을 아는 공간에서

박기민—MMK

에디터 이명주
포토그래퍼 강현욱

점심을 살짝 지난 시간이네요. 초대해 주셔서 감사해요. 어서 오세요. MMK 대표 박기민입니다. 차를 드릴까요? 친한 친구가 흑차를 선물로 줬는데 오늘 아침에 마셔보니 맛있더라고요. 여기 설명을 보면 은은한 향이 황제의 풍미를 선사한다고… 좋은 차인 것 같아요.

(웃음) 감사히 마실게요. 여기 또 다른 손님이 있네요. 다섯 살 된 반려묘 베베예요. 원래 안방에 이불을 덮어둔 의자 밑에 있는 걸 좋아하는데, 오늘은 치워놨더니 지금 살짝 삐진 것 같아요. 제가 인테리어 스튜디오를 운영할 때 높은 업무 강도에 시달리다가 슬럼프가 온 적 있어요. 늦은 시간에 퇴근하고 나면 따뜻한 존재와 온기가 나를 반겨주면 좋겠다 싶었을 때 베베를 만나게 됐어요. 동물마다 성격이 다른 거 아세요? 베베는 저하고 생활 패턴이나 성격이 잘 맞아서, 서로 필요할 때를 잘 알아요. 아마 조금 있으면 우리가 있는 곳으로 올 거예요.

공간이 무척 아름다워요. 바깥에서는 안에 이런 곳이 있으리라 예상하지 못했거든요. 집에서 인터뷰를 하는 건 처음이라고 하셨죠? 맞아요. 먼저 집 소개를 해드려야겠네요. 두 가지 콘셉트가 있는데 첫째는 '원 스페이스'예요. 방이 모두 세 개고 화장실이 하나인데 어디에도 문이 없어서 어찌 보면 하나의 공간으로 볼 수 있어요. 거실에는 일본 조각가 '이사무 노구치Isamu Noguchi'의 '아카리Akari' 조명을 달았어요. 해의 밝은 빛과 달의 부드러운 빛을 한데 담아낸 작품인데, 해와 달이라는 조명을 중심에 두고 각각의 방이 자리한 거죠. 하나의 우주처럼요.

또 다른 콘셉트는 뭔가요? 다른 건 '아카이브'라는 스타일링에 관한 콘셉트예요. 원래는 천장에 보가 달려 있었는데, 철거 전까지는 모르다가 뒤늦게 알게 됐어요. 그런데 보를 비롯해서 원래 이 공간이 가진 흔적들이 예쁘게 보이더라고요. 없애지 말고 적극적으로 살려보자 싶어서, 한편에 있는 보는 그대로 두고 이미 떼어낸 반대쪽 보를 거실 바닥 한편에 화강석으로 만들어 뒀어요. 나름의 오브제가 된 거죠. 그리고 보가 지나가는 길은 길게 뻗어 있는데 그 수평적인 느낌을 살리기 위해 공간 안쪽에 있는 벽에는 길게 거울을 배치했어요.

집 안에 거울 벽이 있는 게 독특했는데 이런 이유 때문이었군요. 그 안쪽은 어떤 공간이에요? 저기는 화장실이에요. 1980-90년대 때 지어진 빌라나 아파트는 대부분 화장실이 집 중앙에 있는데, 그 전형적인

형태라든지 위치를 탈피하고 싶은 것도 거울 벽을 둔 이유 중 하나예요. 일종의 착시처럼 거울을 통해 시선이 반사되어 바깥으로 향하면 안쪽은 어떤 공간인지 잘 모르게 되니까요. 여기 산 지 1년 정도 됐는데, 사실 여기는 MMK를 전개하는 새로운 전략으로 스테이를 구상하면서 만든 곳이에요. 우리가 제안하는 가구나 공간 구성, 제품을 쇼룸뿐만이 아니라 직접 경험할 수 있는 스테이로 꾸미고 싶었거든요. 이 동네는 창밖으로 보이는 남산에서 사계절을 알아챌 수 있고, 흙 내음이나 풀 내음도 느낄 수 있어서 마음에 들었어요. 적절한 시기에 후일을 도모할 텐데 그 전엔 제가 살아 보려고요.

'여기가 우리 집이면 좋겠다!' 생각했는데 머지않아 그 경험을 할 수 있겠네요. 차를 테이블 위에 준비해 주셨는데, 여기 앉으면 될까요? 네, 차가 충분히 우러나왔을 거라 잔에 한 잔씩 따라 놓을게요. 이 테이블과 의자는 기성품이나 디자이너 작품이 아니라 제가 구상하고 만든 거예요. 공간 디자인을 10년 정도 하다 보니 가구나 건축에 관심이 많은데 아무리 찾아봐도 이곳과 딱 떨어지는 건 없더라고요. 공간에서 가구만 주인공이 되거나 혹은 공간의 힘이 너무 커서 가구와 어우러지지 않으면 하나로 연결된 정서를 느낄 수 없잖아요. 제가 머물 공간이니까 제 취향 조각을 떼어넣어 조형적인 의미를 가진 가구들을 두자 생각했죠. 테이블은 '카운터포인트Counterpoint'라고 불러요. 바로크 음악에서 바흐가 창시한 '대위법'을 이르는 말인데, 각 선율이 독립적으로 움직이면서도 서로 조화를 이루는 구조를 뜻해요. 테이블에는 두 군데로 나뉘어 기둥이 있는데 한쪽에는 기둥 세 개가 바깥으로 나와 있고 두 개가 숨어 있다면, 다른 쪽에는 그와 반대로 배치되어 있죠. 그 모습으로 대조와 조화를 표현한 거예요. 평평한 보통의 테이블과 달리 기둥이 튀어나와서 형태감이 두드러지기도 하고요. 그리고 의자는 동료 작가와 협업했는데, 제가 '양반다리'로 앉는 걸 좋아하다 보니 자연스레 넓은 좌대가 떠올랐어요. 형태의 아름다움도 물론이지만 착석감도 중요하니까요.

요소마다 새겨둔 의미를 알고 보니 공간이 더 새롭게 느껴져요. 문득 첫인사를 나눌 때 브랜드 대표로 본인을 소개한 게 떠오르네요. 앞선 이야기가 대표님이 지금까지 해온 일과 맞닿아 있어서요. 나의 어릴 적 모습이나 살아온 과거, 기억에 남는 에피소드… 이런 것도 자기소개가 될 텐데 그중에서도 내가 어떻게 업을 이루어 왔는지를 말하는 게 저한테는 중요하고 기억에 많이 남는 부분 같아요. 좀더

소개하자면 공간 디자인을 전공한 뒤 그걸 바탕으로 '라보토리Labotory'라는 인테리어 스튜디오를 열어서 12년간 운영했어요. '디뮤지엄'이나 '무신사 스탠다드', '더현대 서울'의 VIP 라운지처럼 상업 공간을 기획하고 구성했죠. 키친 퍼니처 브랜드인 MMK를 운영한 지는 4년 차고요.

일상생활로도 소개할 수 있지 않을까요? 즐겨 먹는 음식이나 집에서 보내는 시간, 나만의 루틴 같은 것들로요.
음, 제가 이제 만으로 마흔 살인데 몰두하는 게 계속 변했어요. 한 사람의 주체성은 경제력에서 독립을 이룰 때부터 형성된다고 생각해요. 그러면 저는 스무 살일 텐데, 그 후로 20년간은 관심사가 계속 바뀌어 온 거예요. 지금 제 관심은 나의 우주를 만드는 것 그리고 그 우주의 궤도를 따르는 거예요. 거창하게 말했지만 결국 나다운 삶의 루틴을 찾아간다는 말이죠. 지구가 태양을 중심으로 공전과 자전을 하는데 실은 굉장히 불안정하대요. 그 증거가 윤달이고요. 한 사람의 인생도 우주를 떠다니는 행성의 궤도로 바라본다면 항상 불안정하지 않을까 싶더라고요. 흔들리는 걸 흔들리지 않도록 안정을 찾으려면 루틴이 필요한 것 같아요.

예를 들면 일상 속 어떤 습관인가요?
저는 아침에 일어나서 30분 정도 차를 마시고 반신욕을 해요. 차를 마신 지는 6년 정도 되었고요. 그 후에 등산을 다녀와서 출근 준비를 하는데 이 루틴을 1년에 300일 이상 지켰어요. 그리고 일주일 중 6일은 수영과 필라테스, 사이클이나 러닝 같은 운동을 꾸준히 해요.

차에 조예가 깊은가 봐요. 아까 보니 처음 우린 차를 다른 그릇에 붓고 새로 우리시더라고요.
그걸 '세차'라고 해요. 찻잎이 숙성되는 과정에서 얻은 부산물을 한 번 걸러내기도 하고 잔을 데우는 효과도 있어요. 우리나라와 중국, 일본이 모두 차를 마시지만 대하는 마음가짐은 조금 다르대요. 우리나라는 '차례'라고 부르며 일종의 예절로 대한다면, 일본은 다도 문화가 시작된 곳으로 격식에 가깝죠. 그리고 중국은 우리나라와 일본보다 훨씬 일상적으로 차를 마시고요. 차를 마시는 습관을 일상 가까이에 두려니, 이 행위가 너무 많은 단계를 거친다면 안 되겠더라고요. 예전에는 다관이나 숙우, 찻잔도 이것저것 모으고 바꿨다면 이제는 간단한 선택지 안에서 꾸준히 쓸 만한 도구들로 조합을 꾸려뒀어요.

주신 차가 깔끔하고 수수한 맛이라 좋아요. 흑차라는 이름 때문에 무척 진할 줄 알았거든요.

빛깔도 맑고 좋죠? 차는 같은 잎에서 시작되어도 조건에 따라 부르는 이름과 특성이 달라져요. 잎이 어느 정도 자랐을 때 채취했는지, 어느 정도 고도에서 자랐는지, 어떤 방식으로 덖은 건지에 따라서요. 쓰는 도구는 한정적이더라도 차는 계절마다 바꿔서 마시려고 해요. 겨울에는 숙성 기간이 긴 흑차나 보이차를, 여름에는 열을 내려주는 백차를, 봄과 가을에는 흑차와 백차 사이의 균형감으로 생기가 느껴지는 청차를 마셔요. 청차 중엔 잎이 말아져 있는 것도 있는데 따뜻한 물을 부어서 세차를 하면 그 부분이 파릇하게 펴지는 게 예쁘죠. 가만 생각해보니 차를 마시는 건… 1년에 330일 정도는 되네요.

(웃음) 일수로 표현해 주시니 루틴을 얼마나 중요하게 생각하는지 와닿아요. 그런데 아침은 안 드세요?
잘 안 먹어요. 소화는 음식물이 몸속으로 들어갔을 때 그걸 내 에너지로 바꾸는 거잖아요. 아무래도 나이를 먹는 탓인지 그 능력이 떨어지는 것 같아요. 아침을 먹는 날, 예를 들어 여행길의 조식이나 부모님 댁에서 아침밥을 먹고 나면 머리에 써야 하는 에너지를 내장 기관이 소비하는 탓인지 움직이는 감각이 좀 다르게 느껴지는 거죠. 오전 시간은 집중도도 높고 제 머리가 가장 맑은 시간이거든요. 만족스러운 사고를 하려면 생각과 생각의 연결 고리가 끊어지지 않게 몰입하며 끌어 나가야 하는데, 속이 불편하면 가장 중요한 시간의 집중력을 잃어버리더라고요.

맞아요. 자연스레 몸의 불편한 쪽으로 우리 생각이 흘러가 버리잖아요.
그래서 최근 2년간 식습관이 크게 바뀌었어요. 식재료가 가진 특징을 최대한 느낄 수 있는 방향으로 챙겨 먹게 된 거죠. 연초를 지나다 보니 주말에는 친구들 만나면 술도 마시고 자극적인 음식을 먹거나 과식 해버리고 말잖아요. 그래서 어제는 점심으로 요즘 한창 맛있는 표고버섯이랑 방울토마토, 두부를 솥에 쪘어요. 쪄서 먹으면 원물이 가진 본연의 특징에 수분이 더해져서 부담스럽지 않게 먹을 수 있거든요. 거기다가 달걀프라이 세 개랑 낫또를 더해서 먹고 그날 저녁과 오늘 아침은 콩물만 마셨죠. 그랬더니 흐트러진 몸 상태가 바로 서는 것 같았어요. 잠깐 끊긴 생각의 흐름이 다시 연결된 기분이랄까요.

다시금 궤도에 올라서는 하루인 거네요. 이번 호는 '요리의 시간'에 대해 말하는데요. MMK는 나다운 키친을 제안하는 브랜드니까 대표님의 주방은 어떨까 궁금했어요.
앞서 언급한 대로 이곳의 본래 목적은 브랜드를 경험할 스테이를 만드는 것이었기 때문에, 요리를 위한

부엌은 최소한의 준비만 마치고 공간 특징을 살리는 게 중요했어요. 보통 주방에 두는 하부장에는 앞에 패널을 달아 안에 무엇이 들어 있는지를 가리거든요. MMK의 키친 디자인 라인 중 여기 설치된 '누드'는 패널과 패널 사이 간격을 살짝 띄워서 안에 있는 목대가 오히려 노출되게끔 하되 칸 끝마다 세로선을 둬서 생동감 있는 게 특징이에요. 주어진 공간이 넓지 않다 보니 상부장은 달지 않았고 조리 도구도 많지 않죠. 지금은 브랜드가 성장해야 하는 시기니까 요리나 나만의 주방을 만드는 데 시간을 내는 게 어렵지만 3-4년 정도 후에는 요리만을 위한, 요리하는 데 최적인 주방을 설계하고 싶어요. '오픈 주방'처럼 요리하는 사람과 초대된 사람 사이의 경계가 없고 대화도 계속 이루어지는 공간을요.

전통적인 집 형태를 떠올려 보면 거실과 주방의 경계가 짙어서, 주방은 휴식보단 일을 위한 공간처럼 느껴졌던 것 같아요. 그 안에 머무는 사람들의 역할도요.
말씀하신 게 정확한데 우리나라 사람들의 거주 형태 중 아파트가 전체 50퍼센트를 훌쩍 넘어요. 1980년도부터 아파트가 대거 지어졌고 2000년도 넘어오면서 수도권으로 이주하는 사람들이 늘었는데 그때는 4인 가구를 기준으로 두는 게 '기본'이라 여겨졌어요. 그러다 보니까 주방은 거실하고 조금 떨어져 있거나 혹은 완전히 분리된 레이아웃으로 고정되어 있었거든요. 재밌는 건 최근에 또다시 그 형태가 변해가고 있다는 거예요. 혼자나 둘이서 사는 분들이 많아지니까 거실과 식사 공간, 주방이 하나로 이어지는 'LDK' 개념을 선택하는 거죠. 사람의 역할 역시 변하고 있어요. 부모님 세대만 해도 여성이 주로 머문다고 생각했다면 지금은 남성도 일상을 지속하기 위해 요리를 해야 하고 또 좋아하는 분도 많아요. 시간이 흐를수록 과거와는 다른 형태의 주방이 더욱 중요해지고 있다고 생각해요.

우리나라 안에서의 비교뿐 아니라 다른 나라의 식문화와도 견주어 볼 수 있을까요?
그럼요. 엇비슷하거나 확연히 다른 점을 가진 문화들이 있을 텐데요. 잠시 해외에서 머물던 경험이나 제 외국 친구들한테 들은 이야기를 떠올려 보면, 주방을 살아 있는

공간처럼 써요. 친구들끼리 다 같이 모여 파티를 해도
소파가 있는 거실이 아니라 다들 주방 근처에 머무르죠.
소파는 술에 잔뜩 취한 친구들이 드러눕는 곳이고요(웃음).
그리고 주말 아침에는 가족이 주방으로 모여 식사를
준비하고 끼니를 챙기는데 아이들도 빠지지 않아요. 각자
할 수 있는 몫만큼 식사 준비에 참여하죠. 식탁을 따로
두는 경우도 있지만, 보통은 '바' 형태의 작업대를 겸한
곳에서 준비와 식사를 마치도록 간소화되어 있어요.

**이쯤에서 MMK의 시작을 물어보고 싶어요. 주방을 위한
브랜드를 어떤 계기로 시작하게 됐어요?**
저에겐 직업을 대하는 가치관이 1단계부터 3단계까지
있어요. 첫째는 나의 노동력으로 물리적인 대가를 받는
단계, 둘째는 이 업으로 나의 커리어를 쌓고 그걸 통해서
성취와 보람, 스스로의 희열을 느끼는 단계고요. 셋째는
이 업을 통해서 누군가한테 얼마큼의 영향력을 줄 수
있는지 즉 소명 의식에 관한 단계예요. 앞서 말한 공간
디자인 브랜드뿐 아니라 다양한 사업을 꾸려오면서 항상
잊지 않았던 건, 브랜드를 경험한 사람들의 인식과 의식을
얼마나 바꿀 수 있고 또 그럴 만한 경험을 줄 수 있는지에
대한 생각이었어요. 제가 1년 동안 소화할 수 있는
프로젝트는 한정적이고 아무리 많은 프로젝트를 하더라도
인생은 한계가 있으니까, '그러면 나는 어떻게 살아가는 게
맞나?'라는 걸 10여 년간 고민하게 됐죠. 나이가 들어서

죽더라도 혹은 내가 이 역할을 수행하지 못하는 상황이
되더라도 누군가한테 오랫동안 영향을 주고 싶다는 생각이
들었어요. 무얼 할지에 대한 답으로는 슬럼프를 이겨내게
해준 요리가 떠올랐고요.

베베를 만난 이후에 또 다른 고비가 찾아왔던 건가요?
맞아요. 사람들이 머무는 영역을 만드는 업은 계약과 미팅,
몇 차례에 걸친 설계와 시공, 마무리까지 호흡이 정말
길거든요. 이만한 집도 두 달은 걸리고 건축까지 포함하는
프로젝트라면 3년은 족히 잡아야 해요. 그 긴 시간 동안
창조와 더불어 리스크를 감수하고 변수에 대처하는
일은 업무 강도가 절대 가벼울리 없겠죠. 거기서 오는
스트레스나 번아웃을 저는 요리로 해소했어요. 끼니를
직접 만들어 챙기는 건 자기 자신에 대해 만족감을 주고,
굉장히 짧은 시간 안에 나의 창의성을 보여줄 수 있잖아요.
손질부터 시작해 재료 형태를 바꾸고 적절한 것들을
넣거나 빼면서 마지막에 가니시를 올리는 과정은 건축과도
꽤 비슷하고요. 그리고 그 요리를 혼자 먹을 때도 좋지만
다른 이들과 나누면서 관계에서 비롯된 긍정적인 영향도
받을 수 있어요. 누군가에게 식사를 대접하는 설렘과 기쁨,
식사하는 동안에 나누는 대화나 교감 같은 것들 덕분에요.
아, 혹시 요리라는 말이 어떤 뜻으로 이루어져 있는지
아세요?

weelde van de eenvoud

EILEEN GRAY

Gerrit Rietveld

Arjan Brookhuis · LectureCultura

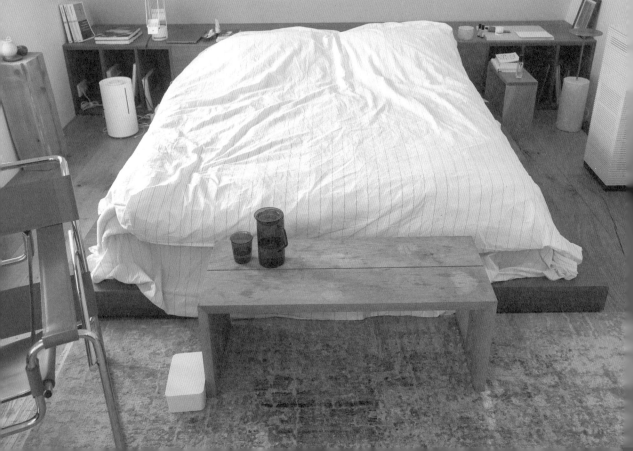

잘 모르겠어요. 어떤 뜻이에요?

무언가 정의를 알고 싶을 때 말의 한자 뜻을 찾아보는
걸 좋아해서 요리도 검색해 본 적 있어요. 요는 '헤아릴
요料'인데 뜯어보면 '쌀 미', 단위 용량이나 퍼내는
용기를 뜻하는 '말 두'가 함께 있더라고요. 쌀을 뜨는
일은 헤아림이 필요하다는 의미로 만들었겠죠? 거기다
제 시선을 더해보자면, 쌀의 관점이 아니라 요리를 먹는
사람의 관점에서도 헤아림이 들어가야 된다고 생각해요.
먹는 사람이 될 나 또는 타인이 어떤지 헤아린 후에
요리라는 행위로 이어져야 한다고요. 그렇게 비롯된
함께하는 시간과 공간은 두터운 관계를 만드는 힘이
있다고 믿어요. 생각해 보면 저한테는 요리보다도 그걸
매개로 이루어지는 관계가 더 소중해요.

**단어 의미에 대한 이야기를 좀더 해보자면, MMK는
'뮤지엄 오브 모던 키친'의 영문 첫 글자를 딴 거죠.**

'모던'은 새로움을 말하잖아요. 산업혁명 직후에 등장한
단어가 현재까지 쓰이는데 앞으로도 그 말은 사라지지
않고 새로운 것들에 따라붙을 거예요. 우리도 늘 새로움을
추구하는 존재들이라는 생각으로 그 단어를 썼어요.
그리고 '뮤지엄'은 제가 여행을 다닐 때마다 꼭 들르는
곳이 박물관이나 미술관인데, 오래전부터 시공간에 남겨진
기록을 소장하는 곳을 말하죠. 우리가 만드는 부엌도
누군가의 시간을 소장하고, 다른 이들에게도 전달하는
역할을 하길 바라며 단어들을 조합했어요. 이름이 정해진
후에는 팀 구성원이 함께 나아갈 방향으로 "We Build
Kitchen Culture(우리는 주방 문화를 만든다.)"라는
슬로건도 정했고요.

**그런 마음가짐 아래 선보이는 MMK의 주방 가구에 대한
소개를 듣고 싶어요.**

MMK의 키친 프로덕트는 몇 가지 타입이 있어요. 보통
MMK라고 한다면 미니멀한 느낌과 개인의 취향이 담긴
컬러 배색 디자인을 곧잘 떠올리시더라고요. 먼저 '에센셜'
타입은 작업대 전면부의 마감재를 우드와 컬러, 메탈
중에 선택할 수 있고 열여섯 가지 컬러 배색이나 여섯
가지 손잡이 타입 등을 활용해 취향을 오롯이 담아낼 수
있죠. '센추리'는 미드센추리 시대의 특징을 재해석한
디자인으로 전면부 겉면과 서랍 내부의 컬러가 달라
부엌의 새로운 재미 요소가 되어줘요. '무빙'은 자유롭게
이동할 수 있는 구조로 기능뿐 아니라 조형미까지
보여주는 타입이고요. 이외에도 '컬래버레이션'과 '누드',
'엣지' 타입으로 구분되고 테이블과 의자를 비롯해
선반이나 트롤리, 상하부장과 램프도 선보이고 있어요.
전부 디자인이나 소재, 디테일, 브랜드와 고객 간의 균형을
생각하면서 세심하게 만든 것들이에요.

**브랜드를 이끌어 오면서 어떤 고객들을 마주하고 싶다는
바람도 있을 텐데요.**

우리가 지향하는 슬로건을 이루려면 최대한 많은 사람들이
MMK를 누려야 해요. 그런데 아무리 아름답고 쓸모 있는
걸 만든다 하더라도 보는 이들이 브랜드를 소비할 능력이
없다면, 한 걸음이라도 다가올 만한 마음을 끌지 못한다면
뜬구름을 잡는 것밖에 안 되잖아요. 그래서 특수 계층만
누리는 하이엔드나 단순히 저가로 사람들을 불러 모으는
브랜드가 아닌, 높은 디자인 감도를 합리적인 가격대로
안내하는 브랜드가 되기로 했죠. 생산에 대한 효율성을
확보해서 적절한 선에서 단가를 유지하면서, 누군가의
로망이 되어줄 가격대를 설정했어요. 로망이 필요한
이유는, 그래야 나의 재화와 교환해 얻는 무언가에 대한
가치를 느끼기 때문이에요. 어느 정도 문턱이 존재해야
로망을 이루기 위해 작게는 하루의 모습부터 바꿀 테고,
스스로 긍정적인 힘을 만들어 낼 수 있을 거예요.

**규모가 큰 가구 외에도 '히어리 세라믹스'와 세라미스트
김민선의 '선과선분', 공예 아티스트 오유우 등과 협업하여
식기를 선보였잖아요. MMK만의 티 타월, 테이블웨어 등
주방에 실용과 생기를 더해줄 작은 소품들도 매력적으로
보였어요.**

주방을 당장 바꿀 여력이 안 된다면 우리를 로망이 아닌
꿈처럼 바라보다 끝나버릴지도 몰라요. 단순히 비용
문제가 아니라 혼자 자취하거나 나만의 공간이 아직
없는 분들도 있잖아요. 아티스트와 협업하거나 우리만의
큐레이션으로 소개하는 소품들을 통해 MMK를 보다
가벼운 마음으로 곁할 수 있도록 접점을 찍었어요. 우리의
분위기가 좋다면 앞치마 하나, 플레이트 하나를 구매해서
그날 식사에 입고 쓴다면 기분부터 달라질 거예요. 마치
박물관이나 미술관에서 전시를 다 본 후에 아트숍에
들러 좋아하는 소품 몇 가지를 고르는 마음의 무게와
비슷하겠죠? 부엌에 서는 일도 좀더 즐거워질 테고요.
로망을 현실로 이루어 내기까지, 그 과정에 대한 접점을
단단히 해두고 싶어요.

**대표님은 공간이 그 안에 머무는 사람에게 어떤 영향을
끼치는지 잘 알고 계신 듯해요. 공간을 다루는 업에 오랜
시간 임하면서, 자연스레 체득한 깨달음이겠죠.**

생각을 바꾸려면 환경이 먼저 바뀌어야 한다고 생각해요.
주어진 목적성과 역할이 사용자에게 만족감 있게
전달된다면 우리는 좋은 공간 안에서 머문다고 할 수 있을
텐데요. 변화가 필요하다는 느낌이 들었다면 사무실이나

집, 별거 아닌 방만 바꾸더라도 충분한 환기가 돼요.
그중에서도 주방이 나답게, 내 마음에 든다면 거기 서서
요리하거나 그 요리를 즐기는 시간을 내고 싶은 건 당연한
순리죠. 주방을 바꾸는 건 참 어려운 결정이고, 수행
과정에 물리적으로 들어가야 할 것들이 무척 많겠지만
그럼에도 불구하고 계획적으로 준비한다면 충분히 가능한
일이라고 생각하면 좋겠어요. '다 바꿔야 하니까 못 할
거야.'가 아니라 '이렇게 한다면 나의 삶이 굉장히 바뀔
거야.'라는 마음가짐으로요.

부엌을 둘러싼 이야기로 한참 긴 대화를 나눴네요.
마지막으로, 대표님이 생각하는 기분 좋은 식사 시간에
대해 듣고 싶어요.
기분이 좋다라…. 기억에 오래 남는 식사 시간을 말하는
것 같아요. 우리가 누군가와 밥을 먹을 때 어떤 사람은
본인 이야기만 하느라 바쁘고, 다른 누군가는 이야기
대신 묵묵히 밥만 먹기도 하죠. 그런데 그 식사 자리에
있는 사람들과 마음이 잘 통하면 말수가 적은 분들도 자기
이야기를 꺼내고, 말이 많은 분들도 다른 이의 이야기를
듣게 되는 순간이 생기더라고요. 저는 그걸 교감이라고
생각하거든요. 본인만이 가진 성향이 분명히 있지만
그걸 앞세우기보다 서로 배려해 주는 모습들이요.
그 순간이야말로 오래도록 간직하고 싶은 기분 좋은
식사 시간 아닐까요?

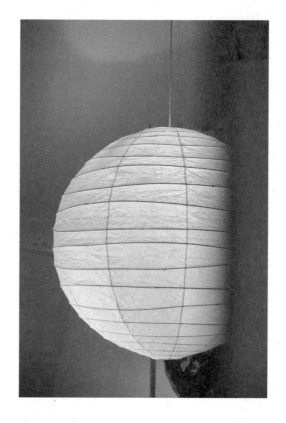

그동안 가까운 이들과 어떤 집에 살고 싶은지, 어느 동네를
좋아하는지 이야기 나눈 적은 많지만 어떤 주방을 갖고
싶은지는 물은 적 없다. 분명 성실하고 단정한 태도로
하루 세 번, 끼니를 잘 챙겨 먹는 일이 나와 가깝지 않다고
여겼기 때문일 테다. 하지만 그와 이야기를 나눈 후에
두 가지가 분명해졌다. 주방은 나의 삶에 빼놓을 수 없는
공간이라는 것. 그리고 주방에서의 시간을 아는 만큼
나에 대한 이해가 높아진다는 것. 끼니를 준비하는 일에
서툴더라도 일상을 살아낼 힘을 얻는 그곳에서의 시간을
다시금 되짚어 보고 싶어졌다. 이후에는 내가 어떤 모양의
궤도를 만들고 싶은지 스스로 선택하고 나아가면 되니까.

바닥으로 떨어진 사과 한 알. 누군가는 그걸 보며 지구의 모든 존재를 아래로
끌어당기는 힘을 발견했다지. 바로 여기, 매년 윤기 나는 나무에서 얻은 사과들을
보며 새로운 발견을 해낸 사람이 또 있다. 연희동과 연남동을 오가며 식료품 브랜드
'인시즌In Season'을 꾸려온 김현정 대표는 익숙한 제철 식재료의 면면을 고루
관찰하며, 적절한 방식으로 재가공해 우리 곁에 오래 머물 음식을 만든다. 지금을
살아가기 위해, 흘러가는 시간이 두고 가는 의미를 거머쥐기 위해 그는 부지런히
오늘을 살핀다. 우리는 그 덕에 고소하고도 달큰한 오늘의 맛을 음미할 수 있다.

에디터 이명주 　 포토그래퍼 최모레

Sweet And Savory Today
고소하고 달큰한 오늘의 맛

김현정—인시즌

매번 식사를 위해 열 가지 재료를 살 수는 없잖아요.
한 가지 재료를 열 가지 방법으로 먹는 게 제게는 중요한 삶의 방식이에요.

지금을 살아가는 것

연남동과 연희동을 오가며 '인시즌'을 지켜보던 터라
무척 반가워요. 인시즌의 제철 재료 치즈나 시럽, 판나코타
같은 디저트를 좋아하거든요.
어서 오세요. 저도 두 동네를 오갈 때마다 어라운드 사옥
앞을 곧잘 지나다녀서 이렇게 만나게 되니까 반갑네요.
오시는 길은 괜찮던가요? 어제 내린 눈비가 밤사이에
얼었는지 아침에 길이 너무 미끄럽더라고요. 이거 한 잔씩
드세요. 따듯한 레몬머틀티예요. 이른 아침이니까 연하게
우렸어요.

근황을 찾아보니 맛있는 소식이 들렸어요. 마지막으로
예약된 보늬밤파운드를 오늘 새벽까지 만들었다고요.
맞아요. 지금 사실 좀 몽롱한데요(웃음). 매년 가을 찬
바람이 불 즈음, 인시즌에선 보늬밤파운드를 만들어요.
이번 가을은 작년 10월 30일 새벽, 오븐을 켜는 것부터
시작해서 11월 3일에 첫 번째 예약 주문을 받았죠.
세 달 가까이 만들었으니까 한동안의 일상이 레시피 안에
머무는 것과 같은 거예요. 이제는 만들어 둔 보늬밤조림도
끝이 보이고 가을을 지나 다음 스텝으로 향해야 할
때니까 마무리를 지었어요. 새벽 2시 반쯤 끝나고 집으로
돌아가는데 후련하더라고요. 비 내음을 느끼며 안개가
자욱한 길을 걸으니 계절 하나를 잘 끝낸 기분이 들었어요.
재료를 다 쓰고 계절을 보내주는 거죠.

걸음이 날아갈 듯 가뿐하게 느껴졌을 것 같아요.
파운드케이크는 어떤 과정을 거쳐 만들어요?
보늬밤은 속껍질째 먹는 밤을 말하는데, 우리나라에서는
〈리틀 포레스트〉 같은 영화에서 조림을 만드는 모습이
사랑받으면서 많이들 아시죠. 먼저 좋은 밤을 골라
껍질을 벗기고 율피를 부드럽게 만들기 위해 약불에서
30분씩 일곱 번을 끓여야 해요. 밤에서 우러나는 붉은
물이 흐릿해질 때쯤 설탕과 간장, 럼을 더해서 졸이고

숙성하면 밤에 맛이 들어요. 인시즌에서 오랫동안 함께
일한 친구가 보늬밤조림을 만들어 두면 후숙을 거친 후에
제가 파운드를 만들죠. 하루이틀 사이에 완성되는 건
아니에요.

어떻게 먹어야 가장 맛있는지 궁금해요.
아주 얇게 잘라서 먹는 걸 추천해요. 파운드가 촘촘하고
묵직한 편이라, 얇게 잘라 먹으면 그 밀도감이 훨씬
직접적으로 느껴지거든요. 가을의 파운드는 이제 다
만들었지만 사람들이 먹는 시점까지 생각한다면 아직
계절을 음미할 수 있는 마지막 시기가 이어지고 있어요.
우리도 남은 양을 조금 보관하다가 그분들과 호흡을
맞추기 위해, '이때쯤이면 이런 맛이 우러났겠구나.' 하며
인스타그램에 언급해요. 뭐든 맛있는 건 같이 먹는 게 기분
좋잖아요.

맞아요. 이외에도 새해를 맞이한 즈음에 만드는 요리가
있을까요?
얼마 전에 금귤 초콜릿을 만들었어요. 그걸 본 분들은 지금
금귤이 제철인가 싶을 텐데, 2-3월이 되어야 나오니까
아직이에요. 저희가 쓴 금귤은 작년에 담근 금귤주에서
건져낸 거죠. 1년 정도 숙성한 술을 이때쯤 마시는데
그 안에 든 금귤을 어떤 식으로든 소진할 수 없을까
고민했어요. 원래 담금주에 들어 있는 원물은 술이 가진
독함을 금세 빨아들이기 때문에 잘 먹지 않지만, 본디 향이
진하고 달큰한 맛을 가진 금귤이라면 알코올의 씁쓸함도
조화롭게 먹을 법하겠다 싶었죠. 적절한 시기에 무언가를
먹으려면 시간을 크게 바라보면서 그 전부터 준비해야
해요. 올해의 금귤 초콜릿을 새해 즈음에 만나게 된 건
작년에 부지런히 담금주를 담은 덕분인 거죠. 초콜릿
한 알을 먹는 그 순간을 위해 잘 준비해 왔다는 증거 같아서
더 맛있었어요.

맛있는 소식이라고만 생각했는데 성실하고 부지런한 이야기였네요. 보통 하루가 어떻게 흘러가요?
음, 하루의 시작점이란 게 언제일까요?

이런 질문을 한다는 건….
일에 푹 빠져 산다고 생각하셨죠!

(웃음) 밤낮없이 무언가를 하느라 바쁘구나, 생각했어요. 휴식과 일을 크게 구분하지 않는 것처럼요.
재료를 가공식과 식료품으로 만드는 인시즌을 '인시즌의 삶By Inseason'이라는 이름으로 바꿔 부르기 시작한 시기가 있어요. 그즈음부터 제 삶이 인시즌의 삶과 같아진 것 같아요. 브랜드를 운영하는 사람이라고 해서 단순히 제철에 나오는 재료들을 사서 가공하는 일에만 몰두하진 않고요. 좋은 계절이 오면 제 고향인 충주나 제주도 혹은 저 멀리 어느 나라에 이맘때 어떤 재료가 나와 있을까 궁금해져요. 오늘처럼 흐린 날에는 연남동이 어떤 모습일까, 연희동에서는 어떤 느낌을 받을까 늘 생각하게 되고요. 마음속에 분명히 떠오르는 재료가 있다면 밤낮으로 그걸 어떻게 먹어볼지 궁리하는 인시즌의 삶이 재미있어요. 한번은, 같이 일하는 친구가 저한테 취미가 있냐고 물어보더라고요. "취미를 즐길 시간조차 없을 것 같아서요."라고 하길래 '취미'의 의미가 궁금해져서 사전에서 찾아봤죠.

어떤 의미라고 하던가요?
"전문적으로 하는 것이 아니라 즐기기 위하여 하는 일."이래요. 푹 숙성된 금귤에 초콜릿을 씌워본 것도, 저쪽 편에 담가둔 식초나 담금주 상태를 매일 살피는 것도, 팬트리에 채워진 식료품을 확인하고 그중 몇 가지를 요리에 쓰며 기록하는 것도 저에겐 즐기기 위한 행위에 가까워요. 하루 종일 일을 하는 것도 맞지만 한편으로는 취미를 즐기는 도중이기도 한 거죠. 휴식과 일상, 취미와 일을 경계 없이 나아가는 중이에요.

그럼 아침에 일어나자마자는 무얼 해요?
가장 먼저 하는 생각이 뭔 줄 아세요? 오늘 아침에 뭐 먹지(웃음). 아침에 무얼 먹는지에 따라 제 움직임이 달라져요. 집에서 간단한 먹거리를 만들거나 두부를 사러 마트에 가야 하는 경우도 있고, 냉장고에 있는 재료를 들고 밖으로 나갈 수도 있잖아요. 오늘은 눈뜨자마자 인시즌으로 와서 따뜻한 레몬머틀티를 마시자고 생각했어요.

그 아침을 함께했네요. 연남동 작은 가정집에서 10년간 운영하던 인시즌이 연희동 주민들에게 사랑받는 '사러가' 마트 곁으로 옮겨 왔죠.
연남동 작업실은 온라인 숍만 운영하던 시절부터 머물렀고 틈틈이 문을 열어 레시피 워크숍이나 팝업 판매도

해왔지만 상업적으로 한계가 있다고 생각했어요. 주중에
유동 인구가 적고, 나이 지긋한 어르신이 많이 사는 곳이라
이런 식료품을 일상적으로 소비하지 않으시거든요. 제가
홍대나 연남, 연희에서 20년 넘게 살았던 터라 사러가에도
즐겨 가는데요. 그곳에 무엇이 있느냐에 따라 그 곁에
사는 사람들의 끼니가 정해지더라고요. 오늘 좋은 연어를
팔고 있다면 그날 저녁으로 노릇한 연어 구이나 초밥이
식탁에 올라와요. 최근에는 떡 매대가 생겼는데, 떡을 즐겨
먹지 않아도 오가는 길에 보이니까 괜히 한번 둘러보면서
일상에 메뉴 하나가 추가되었죠. 일차적인 식자재를 파는
사러가 곁에 재료를 새롭게 먹는 법을 안내하는 인시즌이
있다면 지금 무엇을 먹어야 되는지 명확하게 와닿을 것
같았어요. 때마침 알맞은 자리가 생겼길래 손님들을 좀더
가까이 만나는 인시즌의 삶을 열기로 하고, 연남동 공간은
이전처럼 작업실로만 쓰고 있어요.

**"지금을 살아가는 것"이라는 소개 문장이 인상
깊었는데, 인시즌의 지금을 알려면 무얼 봐야 하나요?**
계절마다 문 앞 레터링을 바꾸고 있어요. 앞서 "가을은
무화과와 황금배의 계절"이라는 문장이었다면 지금은
"겨울은 깊은 밤과 노란 유자의 계절"이죠. 인시즌의
이번 겨울은 밤과 유자를 중심으로 디저트와 저장식을
선보이고 있어요. 공간 한편 팬트리를 보면 한쪽에는 유자,
레몬, 하귤 같은 시트러스 계열의 소금과 그걸 활용해
만든 저장식이나 피클을 두었어요. 치즈와 페스토처럼
식사의 기본이 되는 것들도 있고요. 반대편에는 단맛이
두드러지는 시럽과 넥타, 잼, 디저트가 있는데 음식에
'킥'을 더해줄 가공식이에요.

**소금이나 치즈 같은 익숙한 이름 앞에 유자와 밤,
레몬, 하귤 같은 재료가 붙어서 특별한 쓰임이 있는 건가
싶었어요.**
거꾸로 생각하면 저건 그대로 우리가 익숙하게 쓰는
소금이나 치즈예요. 채소를 절일 때나 간을 맞출 때, 잘
구운 고기를 먹을 때 소금을 쓰듯 똑같이 사용하면 돼요.
손님들이 오시면 "이 소금 어떻게 써요?", "이런 치즈는
어떻게 먹어야 맛있어요?"라고 가장 많이들 물어보세요.
그럼 간단한 설명과 함께 우리가 준비한 식사나 브런치
메뉴를 드셔보라고 권해요. 모두 팬트리에 있는 걸 활용한
거라, 인시즌이 소개하는 지금의 맛이 궁금한 분들께
적절한 답이 되거든요. 이 한 접시서 느껴지는 짠맛이나
단맛, 감칠맛 같은 모든 맛은 바로 저 팬트리 안에서
시작된 거죠.

가공식 중 '넥타'도 새롭게 느껴졌어요. 원물을 적당히 묽게 만든 주스처럼 보이는데 우유에 넣어도, 치즈나 빵 위에 뿌려 먹어도 맛있었거든요.

혹시… '복숭아 넥타' 들어보셨어요? 어린 분들은 아마 모르실 거예요. 저보다도 위 세대들은 옛날에 펭귄이라는 회사에서 만든 복숭아맛 캔 음료를 즐겨 먹었다고 해요. 어머니들이 병문안 갈 때 사 가는 음료라 한다면 어떤 느낌인지 아시겠죠? 넥타가 사전적 의미로는 '꿀'을 말하지만, 원물을 잘라 설탕에 재워서 그대로 먹는 걸 말해요. 자두나 살구, 복숭아처럼 큰 씨앗이 가운데 있는 핵과는 과육이 실타래처럼 풀리는 특징이 있어서 그걸 최대한 부드럽게 만들어 먹을 수 있도록 가공하는 법이죠. 설명할 때는 잼과 시럽 중간 정도의 물기와 당도라고 하는데, 원물이 그대로 들어가 있으니까 본디 맛이 충실하고 활용도가 높은 편이에요. 다만 보관력은 떨어지기 때문에 단기간에 드셔야 해요.

그러고 보니 재료 하나에 다양한 가공법을 쓰고 있네요. 한 가지 재료로 치즈와 넥타를, 다른 재료와 섞어 또 다른 치즈를 만들거나 시럽이나 소금으로도 만들잖아요.

매번 식사를 위해 열 가지 재료를 살 수는 없잖아요. 한 가지 재료를 열 가지 방법으로 먹는 게 제게는 중요한 삶의 방식이에요. 저기 팬트리에 있는 단호박 피클 보이세요? 얼마 전엔 이 피클을 어떻게 먹어볼까 생각하다가, 피클액이랑 살짝 갈아서 메인 메뉴에 소스처럼 곁들였어요. 다음 날엔 거기다가 삶은 병아리콩을 넣고 함께 갈았더니 후무스가 되었고요. 피클을 다 먹고 남은 액은 드레싱으로도 좋고 소면을 삶아서 적셔 먹으면 정말 맛있어요. 그런데 모두가 이런 삶을 살긴 힘들죠. 분주한 일상을 사느라 새롭게 먹을 방법을 고민할 시간도 부족하고, 요리에 소질이나 흥미가 없는 경우도 있고요. 그렇게 할 수 없는 부분을 채워주는 게 우리 역할이라고 생각해요.

피클 하나에도 이렇게나 많은 쓰임이 있네요. '오병이어五餠二魚'라고 하던가요? 갑자기 떡 다섯 개와 물고기 두 마리로 오천 명을 먹였다는 이야기가 떠오르네요. 대표님이라면… 가능할 것 같아요(웃음).

어머나, 그런가요(웃음)? 이렇다 보니까 더더욱 우리에게 같은 계절은 없어요. 주요한 소재는 같아도 저와 인시즌의 삶이 보여주는 결과들은 그때의 생각을 따라 매번 달라져요.

식재료를 다루는 일이나 나의 끼니를 챙기는 행위를 본래부터 친근하게 여겼는지 궁금해져요.

그렇진 않아요. 대학 시절, 혼자 서울로 올라와 자취할 때부터 관심이 생겼어요. 그때 나의 삶에서 요리를 안 할 수는 없다는 걸 깨달았거든요. 매번 새로운 음식점을 찾을 수가 없다 보니 한 동네에 오래 살면 먹는 음식이 늘 비슷해요. 그리고 사 먹는 음식의 한계치는 명확하니까 계속 소비적인 식사를 하기보단 무엇이라도 만들어 먹어야겠다고 생각했어요. 과일이나 야채를 조금씩 사서 샐러드를 해 먹거나 끼니를 간단히 챙겨 먹곤 했어요. 디저트는 그다지 선호하는 편은 아니었고요.

미식, 과식, 소식이나 절식… 먹는 유형을 구분하는 말이 참 많은데 대표님은 어디에 가까운가요?

요리가 그랬듯 원래부터 음식을 즐기는 사람도 아니었거든요. 살아가는 데 필요한 최소한만 먹으면 충분하다 생각했으니까요. 그런데 인시즌의 삶을 살면서부터는 무엇 하나 먹을 때도 어떻게 하면 더 맛있게 먹을지 꼬리에 꼬리를 물고 고민하니까 완전히 달라졌어요. 맛있게 먹는 법을 터득하면서 자연스레 식사량도 늘고 먹는 일도 재미있게 느껴져요. 새로운 표현을 지어 보자면 '꼬리에 꼬리를 무는 식'이라고 할까요?

같은 것도 더 맛있게 먹기 위해

디자인을 공부하던 대학원 시절, 졸업 논문에서부터 인시즌이 시작된 거라고 들었는데요. 좀더 자세히 듣고 싶어요.

브랜드를 기획하고 성장시키는 방법에 관한 논문을 써야 했는데, 가까운 주변에서 소재를 찾아보고 싶었어요. 제 고향인 충주에서는 사과가 유명해요. 친척들이 사과 농원을 하셔서 때가 되면 집에 한가득 도착하니까 어릴 때부터 사과를 되게 익숙하게 여기면서 자랐거든요. 그런데 서울로 대학을 온 후 마트에 가니까 과일을 개당 가격으로 파는 거예요. 너무 놀랐어요. 흔하게 바라보던 사과가 여기서는 다르게 소비된다는 사실을 그제야 체감했죠. 농촌에서 잘 자란 제철 먹거리를 도시에서 소비하는 방법에 대해 논문을 쓰기로 결정하고 당시 동업자와 함께 인시즌의 기틀을 잡았어요. 같은 기획으로 창업공모전에 참여해서 대상을 받았고, 그 상금으로 인시즌을 시작한 거예요.

때가 되면 농원에서 한아름 도착하던 사과 맛은 어땠어요?

지금 생각해 보면, 고향의 사과가 여기서 사 먹는 것보다 특별하게 더 맛있지는 않았던 것 같아요. 사러가 마트에서 파는 사과 엄청 맛있거든요(웃음). 그런데 농원에 직접 가서 보고 먹으면 더 맛있게 느껴져요. 그건 재료보다도 환경이 주는 힘이에요. 나한테 한 알을 내어준 사과나무가 눈앞에 있고, 그 나무를 애지중지하며 키운 사람이 곁에 있는 그 공기와 공간에서 받는 에너지는 평범한 사과 한 알을 훨씬 달게 만들어 주거든요. 내가 먹는 게 어디서 온 건지 알게 되었으니까요. 물론 지금 같은 시대에 모두가 그 과정을 처음부터 끝까지 알 수 없고 그럴 필요도 없지만 아주 살짝이라도, 식재료의 제철과 나고 자란 환경을 살짝이라도 경험해 본다면 분명히 맛이 다를 거예요.

지금까지 이야기를 듣다 보니, 대표님에게 식재료는 시야를 넓혀준 계기이자 영감의 원천 같아요.

맞아요. 요리를 어떤 셰프님이나 학교를 다니며 얻은 지식으로 해온 게 아니라 재료를 향한 저만의 관찰과 기록에서부터 시작했어요. 2011년에 인시즌을 시작했으니까 올해로 15년이 되었는데, 맨 처음 떠올린 가공식이 사과잼이었거든요. 어릴 때부터 늘 풍족하던 사과로 만든 엄마의 잼을 먹으며 자랐지만 잼이라는 가공식품을 그렇게 좋아하지 않다 보니, 만드는 법을

배워야겠다는 생각보다 '그렇다면 맛있는 잼은 뭘까? 내가 생각하는 적절한 잼은 뭘까?'라는 생각을 먼저 했어요. 호기심에서 시작된 질문으로 한 가지 가공 방식을 이해했다면 이것저것 재료를 대입해 보며 나만이 보여줄 수 있는 레시피에 대해 공부한 기간이 길어요. 15년 중 10년은 그런 과정을 거듭하는, 나만의 팬트리를 채워가는 시간이었어요.

음식에는 다른 이를 생각하는 마음이 섞일 때가 있잖아요. 먹는 사람을 떠올리면서 한다면요. 인시즌의 요리 중에 그런 게 있을까요?

계절마다 인시즌의 식료품이나 음식을 하나의 박스로 조합해서 손님들에게 판매하고 있어요. 곳간에 그 계절을 날 식량을 채우는 느낌으로요. '12월의 박스'에는 유자화이트초콜릿과 유자연어소보로, 바질 페스토 등을 담았는데 엄마를 떠올리면서 준비한 거예요. 어느 날, 엄마랑 통화하는데 갑자기 요리가 하기 싫대요. 손주 돌봐주시던 것도 올해부터는 못 하겠다면서요. 이유를 물으니 나이가 들면서 손에 힘이 점점 빠지니까 재료를 집거나 칼질하는 게 어렵고, 손주에게 밥을 해줘야 하는데 어린아이에게 맞춰 식단을 만드는 게 너무 힘들다는 거예요. 오늘 당신이 무얼 먹을지도 모르겠는데 이 아이가 뭘 좋아하는지는 더 어렵다면서요. 그 이야기를 듣고 엄마의 가벼운 한 끼를 챙길 만한 것들로 상자를 채우기 시작했죠. 페스토는 한 숟갈 듬뿍 퍼서 밥에 비벼 먹거나 빵에 발라 먹기 좋고, 연어를 잘게 부셔둔 소보로는 달걀프라이에 넣거나 마찬가지로 밥 위에 얹으면 맛있어요. 달달한 게 당길 때는 크래커에 초콜릿만 발라 먹어도 충분하고요. 엄마뿐 아니라 끼니를 챙길 에너지를 잃은 사람들이 보다 간편하고 편안한 시간을 누리길 바라는 마음을 담았어요.

생각해 보면 우리는 상대의 끼니를 챙기며 마음을 표현하는 것 같아요. 밥 잘 먹고 다니냐며 묻는 말엔 상대의 안부를 확인하는 마음을 담고, 보고 싶은 사람에게는 꼭 식사 한번 하자고 말하잖아요.

그러게요. 생각해 보니까 정말 많네.

심지어 도시락 싸 들고 다니면서 말린다는 말도 있어요! 왜 그럴까 이유를 생각해 본 적 있나요?

인시즌에서 같이 일하는 친구들이 저보다 열 살은 어린데,

어느 날은 제가 그 친구들을 볼 때마다 "밥 먹었어?"라고 물어본다는 걸 깨달았어요. 옛날에는 그런 말 잘 하지도 않았던 것 같은데 친구들만 보면 저도 모르게 튀어나오는 거예요. 이유를 생각해 보니까, 오늘 하루에 무얼 하든 밥도 안 먹었으면 안 되지 않나 싶은 거였어요. 다른 건 제쳐두고 일단 끼니를 먼저 챙기자는 마음이요. 우리는 먹으면서 힘을 얻잖아요. 끼니를 잊지 않고 챙겨 먹는 순간이 한 사람에게 주어진 하루의 시작점이라고 늘 느껴요. 다들 그래서 묻는 게 아닐까요?

상대가 하루를 무탈하게 보내길 바라는 애정에서 비롯된 거네요. 문득 대표님에게 좋은 식사란 무엇인지 묻고 싶어져요.

저는 식사 이야기를 할 때 '적절하다'는 표현을 자주 쓰는데요. 자신의 면면을 살피고 그때마다 필요한 것을 적절히 처방하는 게 저한테는 충분한 식사예요. 적절하다는 걸 따지려면 여러 조건이 있고 그건 꽤 개인적인 요소일 텐데요. 제철이나 식사 시간 외에도 날씨와 오늘의 일과, 기분 같은 것도 될 수 있어요. 어떤 장소인지도 마찬가지고요.

평소 식습관도 중요할 것 같아요.

그럼요. 한 가지 에피소드가 떠올랐어요. 이젠 저도 혼자 산 기간이 훨씬 길다 보니 엄마가 해준 밥이 그리움처럼 느껴지는데요. 고등학교 때까지 그 밥을 먹었지만 대학에 가고 또 인시즌을 이끌면서 제 식단은 굉장히 달라졌어요. 엄마가 준비한 식사는 늘 맛있고 그립고 먹는 순간 행복하지만 때로는 소화가 정말 안돼요(웃음). 그건 엄마의 마음이 나쁘거나 내가 무심해서가 아니라 이미 서로의 삶이 많이 달라졌기 때문이죠. 평소에는 한두 끼만 챙기면서 명절에는 하루 세 번, 부모님이 한가득 만들어 준 식사를 먹으면 속이 불편할 수밖에 없는데 그럼 연남동 작업실에 돌아와서 커피 한 잔 내려 마셔요. 그때 속이 딱 풀리거든요. 그리고 또 후회하죠. 아, 엄마가 호박전 더 싸준다고 할 때 말리지 말걸, 그거 정말 맛있는데 하면서.

속이 풀리니까 더 먹을 걸 아쉬워지는 그 맘, 정말 잘 알아요(웃음). 인시즌은 지금을 말하는 브랜드잖아요. 대표님에게 놓치기 싫은 지금이란 어떤 의미일까요?

브랜드의 입을 빌려 "지금을 살아가는 것"이라 말한 건 딱 그 시점만을 의미하는 건 아니에요. 과거부터 현재 그리고 앞으로 흘러가는 시간에 대해 충실한 마음가짐을 말한 거죠. 얼마 전에 인상 깊게 본 말이 떠오르는데, 정확하진 않아서 예로 들어볼게요. 어떤 사람이 젊은 날에 파리를 가보지 못한 게 너무나 후회되는데, 그 이유가 당장이라도

가고 싶어서가 아니라, 이제는 더 이상 가고 싶지 않기 때문이래요. 지금의 내가 아니라 그때의 나만이 만들 수 있는 의미가 있다는 거죠. 그 순간에만 가능한 걸 그냥 흘려보내고 싶지 않아요. 지금 저희가 마신 이 차도 오늘 먹는 것과 내일 먹는 게 꽤 다를 테고, 차를 마시는 저부터도 자고 나면 변할 수 있어요. 모든 것이 계속 변하는 와중에 그걸 전부 붙잡아야 된다는 욕심이 아니라, 최소한 내가 의미 있다고 생각하는 건 꼭 거머쥐면 좋겠어요.

그래서 어젯밤 파운드를 다 만들었을 때 기분 좋은 후련함을 느꼈나 봐요. 앞으로 인시즌의 부엌에서 바라는 모습이 있다면요?

사실 처음부터 생각하고 있는 바람이 하나 있는데요. 어느 나라, 어느 곳에 가서도 살아갈 수 있는 게 인시즌을 통해 궁극적으로 얻고 싶은 결과예요. 어디에나 재료는 있고 먹는다는 행위도 있고, 사람 사는 건 크게 다르지 않잖아요. 먹는 행위에서부터 사람의 삶은 시작되고요. 그래서 인시즌을 함께 지키는 친구들에게 슬쩍슬쩍 물어봐요. "평생 나랑 일해줄래?"

잠깐만요. 그건 프러포즈 아닌가요?

어딜 가든 제가 잼이라도 만들어서 파머스 마켓에서 팔 수 있다고 꼬드기는 거예요(웃음). 그것뿐이겠어요? 아프리카에 가면 사탕수수를 베어다가 요리해 먹고, 알래스카에 가면 낚시로 물고기 잡아다가 염장을 해보면 되죠! 인시즌을 한다는 건 죽을 때까지 어디 가서도 살아남을 수 있는 큰 무기를 얻은 것과도 같아요. 어느 날, 이곳에서의 일과는 끝날지도 모르잖아요. 하지만 인시즌의 삶은 멈추지 않을 거예요. 훗날 어딘가에 떨어져서 어떠한 환경을 마주하더라도, 결국 내가 살아낼 삶의 모습은 지금과 크게 다르지 않아요.

앞으로의 인시즌이 더욱 기대되는 이유네요. 다른 계절보다 겨울에는 비교적 식재료가 빈약할 것 같다는 생각을 했는데, 이맘때 즐겨 쓰는 재료는 뭘까요?

2월은 조금 애매하게 느낄 만해요. 한겨울에 만든 걸 소비하면서 식재료가 풍성하게 나오는 3월을 기다리는 시기잖아요. 갈무리의 달과도 같죠. 인시즌에선 생강으로 만든 저장식을 정리하기 위해서 꼬리에 꼬리를 무는 먹거리를 준비해요. 생강이 갓 나올 때쯤 만든 진저 시럽으로 그래놀라와 진저 쿠키를, 잼으로 호두 정과를 만들어요. 저장식을 꾸리는 데 쓰인 생강은 편으로 썬 후 초콜릿을 입히는데요. 2월에 제주 농가에서 레몬이 올라오면 레몬 제스트를 초콜릿 위에 살짝 뿌려요. 그간의

세월들을 넘어오며 만든 두 계절과 두 재료의 절묘한
만남이에요. 꼭 드시러 오세요.

**약속할게요. 오늘 대화에 앞서 요리 한 가지를
부탁했는데요. 그것도 간단하게 설명해 주실래요?**
여러 가지 먹거리를 한 접시에 담아낸 '바이 인시즌
플레이트'를 고르셨죠? 다양한 저장식을 한꺼번에 맛볼
수 있는 든든한 메뉴라 꾸준히 사랑받고 있는데요. 접시
중앙에는 유자 치즈를 듬뿍 퍼서 덜어두고 홀그레인
머스터드와 레몬 소금으로 담근 당근 라페, 루바브 피클을
올린 문어 세비체를 접시에 담아요. 문어를 초절임한
세비체에는 황금배로 만든 배유자잼을 넣었는데 새콤한
피클과 함께 입맛을 돋우죠. 거기다 하귤간장소스에 조린
닭 안심과 앤초비를 넣어 만든 타프나드에 구운 감자, 하귤
소금으로 구운 파프리카를 쿠스쿠스와 곁들일게요.

**인시즌의 계절로 채워진 한 그릇이네요. 고소하고
달큰하면서도 새콤할 것 같아서 듣기만 해도 군침이
돌아요.**
도토리와 메밀로 만든 토르티야를 곁들여 드릴 테니 재료
몇 가지를 얹어 꼭 싸 먹어보세요. 그럼 요리를 시작해
볼까요?

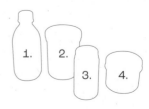

H. Inseason.co.kr

인시즌의 팬트리에 담긴 오늘

1. 진저 시럽

국내산 생강으로 만든 시럽입니다. 생강은 고유의 알싸한 매운맛으로 먹는 이의 체온을 따뜻하게 올려줘요. 인시즌의 진저 시럽은 첨가물을 일체 넣지 않고 사탕수수 본연의 풍미가 살아 있는 비정제 설탕을 넣어 진하게 끓여낸답니다. 음료로 마시거나 베이킹, 요리에 적절히 더하면 좋아요.

2. 단호박 피클

피클은 늘 사랑받는 곁들임 저장식입니다. 특히 뜨끈한 국물과 따뜻한 음식을 마주하는 지금의 계절이라면 시원하면서도 상큼한 피클은 맛의 균형을 맞추기에 좋은 도구가 되어줘요. 특별한 향신료로 맛을 낸 단호박 피클은 카나페나 파스타에도, 화이트 와인이나 맥주에 곁들이기에도 더할 나위 없이 좋답니다.

3. 레몬 소금

레몬을 껍질째 소금에 절인 뒤 일정 시간 숙성해 통째로 갈아 쓰는 이 조미료는 시트러스 향을 가득 담아 독특한 감칠맛을 품고 있습니다. 고기의 밑간용으로 쓴다면 간을 맞추는 것과 동시에 잡내를 잡아주기도 해요. 신선한 제철 재료에 가볍게 소금만 더해도 충분히 훌륭한 요리가 완성된답니다.

4. 유자 치즈

숨겨진 노란 맛의 즐거움을 담은 시트러스 치즈입니다. 도화지 같은 맛이기에 시럽이나 잼을 곁들어도 충분히 맛있어요. 인시즌의 치즈가 처음이라면, 첫 입은 치즈만 먹어보면서 고유한 풍미를 느껴보시길 바라요. 그 다음엔 빵이나 통밀 씨앗 크래커에 듬뿍 얹어 먹는 걸 추천할게요.

고민 없이, 늘 먹던 걸로

안서영·이영하—스튜디오 고민

그래픽 디자이너 듀오 안서영, 이영하는 작지만 단단한 약속을 지키며 산다. 컴퓨터가 후끈거릴
때까지 디자인에 열중한 날, 작업 비용이 입금된 날은 꼭 돈가스를 먹는 것. 뜨겁고 바삭한
덩어리는 일종의 연료이자 수고했다며 다독여주는 친구인 셈이다. 맛있는 한 끼가 믿을 만한
구석이 되어준다는 건 얼마나 든든한 일인지, 사랑스러운 두 사람을 보고 알았다. 세미콜론 '띵'
시리즈 《돈가스: 씩씩한 포크와 계획적인 나이프》와 함께 두 사람의 고소한 규칙에 귀 기울여본다.

에디터 차의진
포토그래퍼 강현욱

안식월에 초대해 주셔서 감사해요. 스튜디오 고민의
작업실에서 만나게 되었네요.
영하 반갑습니다. 스튜디오는 매년 한 달 동안 쉬어
가요. 디자이너 특성상 야근이 잦다 보니까 생활 리듬이
흐트러지더라고요. 안식월을 보내면서 세끼 잘 챙겨 먹고
일찍 자는 루틴을 회복해요. 제가 말을 잘 못하는데 오늘은
열심히 이야기해 볼게요.
서영 둘 다 내향적인 편이라 많이 도와주셔야 해요(웃음).

편하게 이야기 나눠주세요. 이번 안식 기간에는 무얼
하며 보냈어요?
영하 서영 씨는 대학 친구들과 졸업 후 처음으로 짧은
여행을 다녀왔어요. 저는 고향에서 부모님과 시간을
보냈고요. 우리 부부는 함께 일해서 365일 24시간 붙어
있는데, 안식월을 기회로 잠깐 떨어지는 거예요(웃음).

(웃음) 그래픽 디자인 듀오로는 어떻게 활동하게 된
거예요? '스튜디오 고민'이라는 이름 뜻도 궁금했어요.
서영 저희는 그래픽디자인과 캠퍼스 커플이었어요. 졸업
후에 각자 회사도 다니고 프리랜서로도 일해봤지만 둘 다
인간관계나 경쟁적인 환경을 힘들어한다는 걸 알았죠.
우리는 서로를 가장 잘 이해하는 사이니까 함께 일해보면
좋을 것 같았어요.
영하 이름을 지으려고 두 사람의 공통점을 찾아보니까,
생각을 많이 하는 점이 비슷했어요. 그래서 '고민'이 된
거예요.
서영 막상 같이 일해보니까 우리가 작업할 땐 의사결정이
빠른 편이더라고요. 지금은 고민보다 '스튜디오 고Go'가 더
나았겠다고 농담하기도 해요.

재밌는 이름인데요. 음반 패키지 디자인부터 출판
디자인까지 작업 분야가 다양한 편이에요.
서영 초창기에는 좋아하는 인디 뮤지션 소속사에 먼저
연락해서 만들어보고 싶은 작업물을 제안했어요.
감사하게 화답해주신 분들 덕에 인디 뮤지션 포스터, 앨범
디자인으로 스튜디오를 시작하게 되었죠. 출판 작업도
비슷하게 좋아하는 책을 낸 출판사에 메일을 보내면서
성사됐어요.
영하 이제 음악은 케이팝과 관련된 그래픽 디자인 작업을,
출판물은 매거진이나 브랜드북을 주로 다루고 있네요.

《표기식 사진집》을 시작으로 최근 전솔지 사진집
《umipodo》까지 출간했죠. 그래픽 디자인 스튜디오인데,
사진집 출간은 어떻게 시작한 거예요?
영하 표기식 작가님과는 가수 태연의 포스터 디자인
작업으로 인연을 맺었는데, 우리에게 좋은 면을
보셨는지 사진집을 함께 만들자고 하셨어요. 출판은
할 계획이 없었는데, 작가님 덕분에 책을 내게 된
거죠. 작년 세상에 나온 《umipodo》는 표기식 작가님
추천으로 전솔지 작가님이 출간을 의뢰해 주신 건데요.
본격적으로 출판 브랜드를 시작해 보자는 생각에
'라스츠카피LASTzCOPY'라는 이름으로 선보였어요.

활발한 작업의 동력은 바로 돈가스라죠? '띵' 시리즈
《돈가스: 씩씩한 포크와 계획적인 나이프》를 재밌게
읽었어요. 출판사가 먼저 집필 제안을 한 건가요?
서영 네. 자주 같이 일하는 미식 분야 도서 편집자님이
꼭 가보라면서 합정에 있는 '최강금 돈까스'라는 식당을
추천해 주셨어요. 다녀온 후기를 SNS에 올렸는데,
'띵' 시리즈를 기획한 김지향 편집자님이 돈가스에
관한 책을 내보면 어떻겠냐고 제안하셨죠. 오랜 집필을
거쳐 나온 우리의 첫 책이에요. 출판 디자인을 하니까
평소 다른 사람 글을 많이 읽는데요. 이번에는 직접
글을 쓰니까 새로웠어요. 어릴 때 추억, 여행 가서 먹은
돈가스처럼 잊고 있던 기억들을 소환하면서 삶의 해상도가
올라가는 느낌도 들었고요. 바쁜 일로 무뎌지던 감각들이
되살아나는 기분이었어요.

두 분 SNS에서는 돈가스에 관한 이야기를 거의 찾아볼
수 없어요. 출간 제안을 받은 후엔 돈가스를 얼마나
좋아하는지 세상에 드러내야 할 것 같은 마음이 들진
않았나요?
서영 그랬죠. 포스팅할지 말지 고민했어요. 책 쓰는
과정을 공개하는 게 흥미롭기도 하고 홍보 효과도 있지만,
부담감은 더 심해질 것 같았거든요. 그리고 좋아하는
가게를 혹시나 많은 사람이 알게 돼서 제가 가지 못하게
된다면 아쉬울 듯했고요(웃음).
영하 돈가스를 워낙 자주 먹어서 포스팅할 이유를 찾지
못한 것도 있어요. 사람들이 집밥 먹는 걸 SNS에 잘
올리지 않는 것처럼요.

혹시… 돈가스를 얼마나 자주 드세요?
영하 3일에 한 번 정도 먹어요.

와, 그렇게 자주요?
영하 우리도 출간하고 나서야 돈가스를 자주 먹는
편이라는 걸 알았어요. 돈가스는 두 가지 경우에 먹는데요.
하나는 '마감'을 했을 때예요. 마감이란 디자인 시안을
보내는 날, 최종 데이터를 인쇄소에 보내는 날, 프로젝트가
완전히 끝난 날처럼 무언가를 마무리 짓는 날을 뜻해요.

그런 날은 굉장히 지쳐서 메뉴 고르기가 귀찮죠. 그때 돈가스를 선택하는 거예요. 또 '비정기적 월급날'에 먹어요. 서영 씨가 붙인 이름인데, 우리는 프리랜서라 월급이 아니라 프로젝트별로 작업 비용을 받거든요. 통장에 입금이 되는 날엔 돈가스를 먹으면서 소회를 나눠요.

월급을 받으면 평소에 먹기 힘든 음식이 생각날 것 같은데, 왜 꼭 돈가스를 찾으세요?
서영 제 어린 시절 추억에서 출발한 리추얼인데요. 어릴 때 살던 동네에 어느 날 '봉주르'라는 경양식집이 생겼어요. 거기서는 TV에서 본 화려한 요리를 팔 것 같아서 엄마를 졸랐더니 아빠 월급날에 데려가셨죠. 경양식집은 어른이 된 것 같은 기분을 느끼게 하는 곳이었어요. 집에서 쓰지 않는 포크와 나이프로 밥을 먹어야 하고, 냅킨도 쓰니까요. 어른이 된 지금은 일하고 돈을 받으면 추억을 만들려고 돈가스를 먹으러 가요.

> 아빠의 월급날, 그날의 돈가스를 먹던 순간처럼 마치 어른이 된 듯한 기분을 느끼고 싶을 때가 있다. 물론 나는 정말 어른이 되었지만 말이다. 가끔 어떤 음식들은 잠깐의 순간, 그때의 시간으로 나를 데려다주는 것 같다. 나만의 꿈의 궁전으로.
>
> — 안서영·이영하, 《돈가스: 씩씩한 포크와 계획적인 나이프》 중에서

기억은 음식을 더 맛있게 만드는 힘이 있다고 생각해요. 추억 덕분에 더 손이 가는 메뉴가 또 있나요?
서영 옛날 떡볶이요. 중학생 때 학교 앞에서 파는 떡볶이를 사 들고 친구들이랑 먹으면서 수다 떨며 집에 돌아오곤 했어요. 로제 맛, 분모자 토핑 같은 개량 떡볶이가 많은 요즘이지만 항상 옛날 떡볶이가 더 먹고 싶어요.
영하 저는 오므라이스를 굉장히 좋아해요. 어머니가 제 생일마다 항상 해주셨거든요. 그래서인지 저한테는 그게 가장 맛있는 음식이에요. 어머니께 예전에는 늘 오므라이스를 해주셨다고 말씀드리니까 고향에서 올라오신 날 오랜만에 차려주셨어요. 그때 서영 씨가 옆에서 만드는 법을 지켜보더니 이제는 생일마다 해주고 있죠. 신기하게 어머니 오므라이스랑 맛도 비슷하더라고요.
서영 정말? 맛이 비슷한 줄은 몰랐는데. 되게 기쁜데요?

추억처럼, 똑같은 음식도 더 맛있게 만드는 요소는 무얼까요?

서영 우연한 발견이요. 요즘은 다들 리뷰를 보고 유명한 가게를 찾아가지만, 낯선 지역에 왔거나 지쳐서 좋은 식당을 찾을 여유가 없을 때도 있어요. 그럼 느낌이 오는 곳에 들어가죠. 지나가다가 발견한 식당이고 손님도 나뿐인데, 음식이 의외로 맛있을 때가 있어요.

맛집을 알아채는 팁이 있는지 궁금한데요?
서영 음식점 앞에서 자라고 있는 식물이 싱싱하고 예쁜 모습이면 90퍼센트 확률로 맛있어요. 그만큼 가게를 정성 들여 꾸미고 있다는 의미라고 생각하거든요.
영하 식물은 섬세하게 다뤄야 하지만 손을 너무 많이 타면 오히려 죽기도 해요. 무신경하면서도 세심함이 필요한 게 식물 키우기죠. 음식도 비슷하지 않을까 해요. 과하면 맛이 없지만 무심한 듯 만들면 맛있는 경우가 많잖아요.

식물을 잘 키우면 맛있는 식당이라니…. 앞으로 참고할게요(웃음).
서영 또 리뷰도 없고 뭐 파는지 잘 모르겠어도 동네 주민처럼 보이는 아주머니, 아저씨가 많이 모인 가게는 대체로 괜찮아요.
영하 책에도 썼는데, 주방장이 머리에 두건을 두르면 맛있는 경우도 많아요. 그렇다고 이런 요소를 보고 식당을 고르는 건 아니고, 만족스럽게 먹고 보면 식물이 많거나 사장님이 두건을 쓰고 있더라고요.

늘 식사를 같이 하는데, 돈가스 취향은 어떻게 다른가요?
영하 서영 씨는 모든 음식의 원형을 찾아가는 여행을 하고 있어요. 그래서 돈가스도 등심으로 만든 '로스가스'를 좋아하죠. 저는 로스가스가 조금 퍽퍽하게 느껴지고, 지금보다 음식을 좋아하지 않던 시절에는 먹는 데 너무 오래 걸린다고 생각했어요. 그런데 안심으로 만든 '히레가스'는 좀더 부드럽고 잘 씹히죠. 저는 항상 그걸 시켜요. 이런 취향은 디자인에서도 나타나는데요. 서영 씨는 정해진 것들을 지켜야 한다고 생각하는 편이라 아무도 보지 않는 미세한 수치도 여러 번 체크해요. 하나의 작업을 우직하게 진행하는 걸 좋아하고요. 저는 작업도 부드럽고 유연하게 처리하는 걸 좋아해서 여러 프로젝트를 한 번에 진행하는 걸 즐겨요.

먹는 걸 좋아하지 않던 시절이 있다고 하셨어요. 전에는 식사를 알약으로 대체해도 좋겠다고 생각했다고요.
영하 지금과는 다르게 음식을 적게 먹고 굉장히 마른 때가 있었어요. 음식은 영양소를 섭취하는 행위에 가까웠지, 맛있는 걸 먹어야겠다는 생각은 못 했거든요. 자취 생활도

오래 하다 보니 식사를 귀찮게 여길 때도 많았고요. 그래서 밥 대신 알약이 더 편하겠다는 생각을 자주 했어요. 그런데 서영 씨는 밥 한 끼를 먹더라도 풍성하게, 잘 갖춰 놓고 먹는 사람이었죠. '그냥 한 끼일 뿐인데.'라고 생각하곤 했는데, 서영 씨 덕분에 이제는 먹는 게 재밌고 즐거운 일이라는 걸 깨달았어요.

서영 싱어송라이터 프롬의 '후유증'이라는 노래에는 이런 가사가 있어요. "커피 한 잔만으로 점심밥을 대충 때우고 있나요." 들으면서 사람이 어떻게 이럴 수가 있나 싶었죠(웃음). 영하 씨가 바빠서 밥을 걸렀다거나 한 끼만 먹었다고 하면 놀랐어요. 저는 상상을 해본 적이 없는 일이었거든요. 같이 지내다 보니 어느 순간부터 매 끼니를 챙겨 먹는 사람이 되었네요.

툭툭 해보자는 주의죠. 물론 음식을 깊이 연구하면서 흥미를 느끼는 분들도 존중해요.

서영 에디터님 주변에 그런 분이 있을지 모르겠지만, 안 먹는 음식이 많은 미식가도 있어요. 그런 분들과 식사를 하면 제가 고른 식당을 좋아하지 않을까 봐 걱정하게 되더라고요. 까다로운 사람이 되고 싶지는 않아요.

돈가스 먹을 식당을 고를 때 의견이 부딪친 적은 없나요? 각자 가고 싶은 곳이 다를 수 있잖아요.
영하 없어요. 식당 선정은 온전히 서영 씨 몫이거든요. 서영 씨가 제안하면 군말 없이 따라가는 편이에요. 항상 좋은 선택지를 주거든요.
서영 저도 식당 선정은 독재라면서 농담하곤

가까운 사람들은 음식을 대하는 태도에서도 영향을 주고받나 봐요. 돈가스를 먹을 때 특별한 규칙도 있나요?
서영 처음 가보는 식당에서는 무조건 로스가스와 히레가스를 먹어본다, 그 정도예요. SNS에서 음식 리뷰하는 분들을 보면 엄격한 기준을 가진 경우가 많아요. 튀김옷 두께, 양배추 모양…. 그런데 좋아하는 걸 디테일한 잣대로 보기 시작하면 행복감이 줄어드는 것 같아요. '좋다!' 딱 그 정도까지만 알면 되지 않을까요?
영하 돈가스 첫 한 점은 꼭 소금에 찍어 먹어봐요. 그래야 육질을 잘 느낄 수 있대요. 우리는 커피도 좋아하는데 전문가가 되기 전 단계에서 일부러 멈췄어요. 기준이 엄격해져서 어느 순간부터 카페에 쉽게 갈 수가 없더라고요. 10년 전부터는 커피를 직접 핸드드립으로 내려 마시는데요. 원두 그램 수, 내리는 시간을 정확하게 맞추면 조금 더 맛있다고 해요. 하지만 커피 내리는 행위가 나한테 부담이 되지 않는 수준에 머물고 싶어요. 정확하게 계량하기보다, 머리에 두건 쓴 식당 아주머니처럼 그냥

하는데요(웃음). 둘의 기분이나 몸 상태를 고려해서 식당을 골라요. 돈가스 맛집 데이터가 제 안에 잘 갖춰져 있답니다.

> 여러 가지 험난한 자영업자의 현실에도 불구하고 자기만의 다양한 노하우를 활용해 새벽마다 고기를 두드리고 있을 이 시대의 자영업자들에게 존경의 박수를 보내고 싶다. 시도 때도 없이 몰아닥치는 주문과 무리한 작업들, 다양한 요구 사항을 매일매일 마주하다 보면 일상에 루틴을 적용하기가 불가능하다는 것을 깨닫게 된다. 어, 이거 누군가와 무척 닮았는데.

— 《돈가스: 씩씩한 포크와 계획적인 나이프》 중에서

책에서는 요리사와 디자이너의 유사성을 살펴보기도 했어요.

영하 작업할 땐 스튜디오가 식당 같아요. 손님들이 각 테이블에 앉아 있는 것처럼 클라이언트가 기다리면, 저희는 접시를 하나씩 내는 것처럼 디자인을 하는 거죠. 요리사들이 분업을 통해 재료를 주고받으면서 음식을 완성해 가는 과정도 비슷해요. 보통 제가 디자인 콘셉트를 기획하면, 서영 씨가 디테일하게 보완해요. 다음으로 제가 아이디어 스케치를 하면 서영 씨가 구현하고, 제가 다듬어 넘기면 서영 씨는 마지막으로 인쇄를 맡기죠.

서영 〈더 베어〉라는 미국 드라마 아세요? 레스토랑 운영기를 그렸는데요. 손님들에게는 감각적인 음식을 선보이지만 주방은 주문이 밀려드는 통에 굉장히 정신없어요. 우당탕 난리도 나고 요리사끼리 싸우기도 하지만 완벽한 음식을 내어주고 사람들에게 행복을 주죠.

의견만을 내세우는 상황이 이어질 때가 있다. 당장 한쪽은 원하는 것을 조금이나마 얻을지도 모른다. 그렇지만 협력하는 마음이 조금씩 어긋나기 시작하면, 정작 일이 끝날 때쯤엔 그 누구도 결과물에 만족하지 못하게 되는 경우가 많았다.

— 《돈가스: 씩씩한 포크와 계획적인 나이프》 중에서

음식은 다양한 기능을 갖고 있어요. 일상에 새로움을 주거나, 특별한 날을 더 특별하게 만들죠. 또 음식은 우리 삶에서 어떤 역할을 할 수 있을까요?

영하 밥 한번 먹자는 말이 있듯이, 음식은 관계의 매개체가 될 수 있어요. 어릴 때와 다르게 아무 목적 없이 같이 있는

디자인도 비슷한 것 같아요. 독자나 뮤지션 팬분들이 우리 작업물을 받아보고는 예쁘다며 좋아하시는 모습은 마치 음식을 먹는 것 같달까요.

일과 음식이 함께하는 일상 속에서 의미 있는 생각을 도출한 이야기가 책에 가득하던데요. 야식을 먹으면서 느낀 점도 인상적이었어요.

영하 야근을 하면 스트레스가 쌓여서 야식을 많이 먹게 되는데요. 그러면 위장도 야근을 하게 되는 거잖아요. 우리도 급작스러운 클라이언트 요청으로 늦게까지 일하게 되는 상황이 달갑지 않은데, 어느 순간부터는 제가 위장한테 가혹한 클라이언트가 아닐까 싶었어요. 이제는 위장이 밤늦게까지 일하지 않도록 주의하는데, 종종 실패하긴 해요(웃음).

일에서도 마찬가지 아닐까. 함께 일하는 '서로'의 삶과 휴식에 대한 배려보다 '나'의 사정과

관계나 시간이 이제는 잘 없더라고요. 시간을 함께 보낼 이유가 필요한 때가 된 거죠. 커피든 돈가스든, 음식은 누군가와 관계를 좀더 쌓게 해주지 않을까요?

서영 우리는 친밀한 사람하고만 식사를 함께하는 편인데요. 그래서 같이 음식을 먹는 일이 서로에게 편한 사람이 되었다는 의미인 것 같아요. 누군가가 밥 먹으러 가자고 했을 때 그래, 하고 기쁘게 응할 수 있다는 게 그 사람과의 관계를 알려주죠. 또 추억을 만들어 주기도 하고요. 최근 업무 차 도쿄에 다녀왔는데, 클라이언트가 추천한 식당에 따라가서 식사를 하고 돌아오니까 그분을 떠올리면 항상 그 음식이 생각나요.

두 분은 어떤 식사를 만족스럽다고 느끼세요?

영하 질문을 받고 막연하게 생각해 봤는데, 서영 씨와 싸우지 않는 식사가 떠올랐어요(웃음). 서로 다른 가정 환경과 가치관이 먹는 행위에서도 드러나곤 하거든요. 둘의 차이점이 다툼으로 번지지 않고 즐겁고

화기애애하게, 좋은 대화를 나누는 식사. 저한테는 그게
만족스러운 식탁이에요.

음식보다는 함께하는 사람과의 기류가 중요하군요.
서영 마찬가지예요. 비싸고 유명한 레스토랑이라도 불편한
상대랑 같이 가면 맛을 못 느끼고 먹을 수도 있잖아요.
특별하지 않은 음식이어도 편안한 상대와 재미있게
먹는 게 더 좋아요.

**사람들은 메뉴를 고심하고, 맛집 앞에서 오래 줄을
서기도 해요. 왜 이렇게 식사를 중요하게 여길까요?**
영하 식사는 하루에 두 번에서 세 번, 무조건 해야만 해요.
바쁜 와중에 반드시 해야 하는 일을 좀더 즐겁고 특별하게,
취향에 맞추어 하고 싶은 것 같아요. 음식으로 만족감을
채우려는 욕구도 있을 것 같고요. 저도 디자인 작업물이
좋은 반응을 얻어서 만족감이 들면 특별한 음식으로 나를
만족시키고 싶은 마음은 들지 않아요. 그런데 지루한
일상이 오래되었다는 생각이 들면 일상적인 식사라도
특별한 경험이 되게 하고 싶어요. 사람들도 저와 비슷하지
않을까요?
서영 저는 원래 줄 서는 식당을 좋아하지 않는데요.
최근 도쿄 여행에서는 친구가 소개해 준 디저트 가게
앞에서 20~30분 정도 줄을 서봤어요. 그때 경험은 또
즐겁더라고요. 특별한 음식을 먹기 위해서 이곳에 모인
모든 사람들과 한편이 된 것 같은 느낌이었달까요?
그날 야쿠자 같은 한 아저씨도 폭주족처럼 운전해와서
아무렇게나 주차하고는, 줄을 서서 케이크를 사 가는
거예요. 재밌는 경험이었어요.

**뜻밖의 즐거움을 만났네요. 앞으로도 가게 앞에서
기다려볼 의향이 있어요?**
영하 네. 근데 안식월에만 가능할 것 같아요. 평상시에는
줄을 설 시간이 많지 않거든요.
서영 어디 여행 갈 때나 가능하지 않을까요?
영하 그러게요. 기다리더라도 훌륭한 맛보다는 좀더
특별한 시간과 공간을 누리고 싶은 마음에 줄을 서볼 것
같아요.

**바삭한 돈가스가 아른거리는 대화였어요. 두 분이
자주 찾는 가게에서 돈가스를 주문해 보기로 했죠.
역시 로스가스, 히레가스 하나씩이 좋겠죠?**
영하 네. 기다리는 동안 우리가 좋아하는 돈가스 맛집
네 곳을 소개해 드릴게요.

스튜디오 고민이 다시 찾고 싶은
돈가스 맛집

1.
오로라경양식

"연세 지긋한 부부가 운영하시는 석촌호수 근처 경양식집이에요. 간판도 화려하고 벽에는 옛날 무성 영화 배우 사진이 붙어 있는, 오래되고 독특한 분위기의 식당이죠. 우연히 들어갔는데 음식이 맛있어서 깜짝 놀랐어요. 추천 메뉴는 비프가스입니다. 육전처럼 넓게 두드린 소고기를 튀겼는데 고소한 맛이 훌륭해요. 곁들임 메뉴인 산고추와 함께 먹으면 고소함이 배가 돼요."

A. 서울 송파구 백제고분로39길 33 1층
O. 화-일요일 11:30-20:00, 월요일 휴무

2.
이키가이

"언제나 맛있어서 믿을 수 있는 곳이에요. 작업실 근처라 자주 이곳을 찾죠. 히레가스와 더불어 토리카츠를 추천할게요. 닭 안심으로 만들어서 돈가스를 먹기 부담스러워하는 사람도 맛있게 즐길 수 있을 거예요. 일반적인 돈가스 소스가 아닌 매콤한 마요네즈 소스가 인상적이죠. 후식으로는 딸기 소르베를 내어줘요. 식사를 마치고 소르베 먹기만을 늘 기다린답니다."

A. 서울 성동구 뚝섬로 341-18 1층
O. 매일 10:30-20:30

3.
최강금 돈까스

"책을 낸 계기가 되었던 곳이죠. 일본 돈가스를 한국적으로 해석해서 곁들임 나물, 생들기름 소스 같은 요소를 찾아볼 수 있어요. 추천 메뉴는 역시 로스가스예요. 이름을 건 식당은 언제나 맛있는 법이죠. 일본식 돈가스는 재료가 되는 돼지고기의 질에 따라서도 맛이 많이 차이가 나는 편인데, 맛집의 격전지인 마포구의 돈가스 가게 중에서도 육질이 단연 뛰어난 편입니다."

A. 서울 마포구 월드컵로3길 31-30
O. 매일 11:30-21:00

4.
돈카츠 야마모토

"현지인들에게도 유명한 가게예요. 할아버지 요리사가 새하얀 복장으로 고요한 분위기에서 능숙하게 한 접시를 만들어내요. 일본 장인 특유의 절도 있는 몸짓으로요. 몇 년 전 여행 중에 방문했는데 한국에 돌아가기 전 한 번 더 찾아갈 정도로 만족스러웠어요. 로스가스와 히레가스 모두 맛있죠. 가능하다면 서울에 포장해 가고 싶었다니까요."

A. 교토 나카교쿠 타치바나야나기쵸 151
O. 월-금요일 11:30-21:00, 토요일 11:30-20:30, 일요일 휴무

수프 먹고 갈래?

처음 만난 사이에도 대뜸 음식 얘기를 꺼내고 싶을 때가 있다. 다른 음식도 아닌 '수프' 얘기를.
설명할 순 없지만 어쩐지 마음이 가는 사람을 만났을 때만 피어오르는 충동인 건 분명하다.

글 황유미   일러스트 오하이오   자료 제공 카멜북스

눈물이 흐를 땐
주방에 간다

수프 좋아하냐는 질문에는 사실 "언제 한번 수프를 끓여 드려도 될까요?"라는 은밀한 진심이 깔려 있다. 아, 그렇다고 해서 "라면 먹고 갈래?"라는 대사 같은 끈적한 의미로 해석하면 곤란하다. 그간 수프를 끓여주고 싶었던 사람들의 얼굴을 하나하나 그리자면 '어제는 잘 잤을까?'라는 걱정이 앞서니까. 그건 불꽃 같은 욕망과는 거리가 멀다. 차라리 어깨를 툭툭 털어주고 등을 토닥이다가 시간이 되면 그 자리를 떠나 자기만의 방으로 돌아가는 미지근한 우정에 가깝다. 혹은 깊이는 얕아도 메시지만큼은 선명한 연대, 그것도 아니면 눈물로 범벅이 된 얼굴을 깨끗한 손수건으로 닦아주고 싶다는 연민이다. 그러니까 꼭 터지기 일보 직전인 투명한 물풍선 같은 표정을 한 사람과 대화를 나누다 보면, 나는 수프를 끓이고 싶어진다.

가슴속에 찰랑이는 물결이 터져 나올 것 같은 날에는 주방으로 간다. 내게 수프란 어지럽게 흐트러진 생각들을 모아주고 뾰족하게 돋아난 가시 같은 감정들을 잠재우는 의식과 같다. 한때 눈물샘이 고장이라도 난 것처럼 시도 때도 없이 터지던 시기가 있었다. 누가 뭘 잘못했다고 지적하면 '나는 왜 이 모양으로 멍청한가.'라고 자책하며 찔끔, 누가 너 정말 잘한다고 칭찬하면 '어라, 내일은 멍청한 짓을 할 텐데 이렇게 기대감만 높여도 되는 건가.'라고 불안해하면서 또 찔끔. 그렇게 찔끔찔끔 흘리다가 회사 화장실 변기에 망연하게 앉아 눈물을 왈칵 쏟아낸 날이었다. 두루마리 휴지를 대충 뜯어 간신히 수습은 했지만 가만히 앉아 모니터를 바라보는데 눈치 없는 눈물은 다시 찔끔 내려올까 말까 간을 보았다. 다급하게 인공눈물을 찾아 넣고 눈을 감았다. 이제 내 눈에 흐르는 눈물은 눈물이어도 눈물이 아닌 것이다. '인공'눈물이란 이름이 이렇게 든든할 수가 없었다.

그 시절 회사에 다니며 배운 건 일이나 사회생활 하는 법뿐만이 아니었다. 취약하고 물어뜯기 좋은 약점을 감추는 꼼수도 연차가 쌓일수록 늘어났다. 똑똑하지만 지루하지 않은, 부드럽지만 자신감 있는. 매일 유능하고 매력적인 사회인이라는 캐릭터를 연기하고 있었다. 연기력은 형편없었고 5년도 채우지 못하고 바닥이 드러났다. 하긴 애초에 설정부터 잘못했다. 내 입으로 이런 말을 하기가 참 괴롭지만, 나는 타고나기를 재미가 없는 데다가 기본적으로 만사에 의욕이 없는 인간이다. 어쩌다 칭찬을 받으면 저의가 뭘까 의심부터 앞선다. 늘 바닥에 가까운 자신감을 들킬까 봐 일부러 크게 목소리를 냈다. 아마 그래서 수프를 끓일 때마다 '돌아가는' 기분을 느낀 것 같다. 잔뜩 웅크리던 몸에 힘이 빠지듯, 무리해서 과시하듯 끌어올린 입꼬리가 마침내 제자리를 찾아가듯. 수프를 끓이는 주말에만 비로소 연기가 아닌 '나'라는 사람의 실체와 가까워질 수 있었다.

멋 없어서 오히려
좋은 수프의 맛

수프 끓이는 법은 간단하다. 맛을 내고 싶은 핵심 재료를 깨끗하게 씻어 손질한 다음, 큰 통에 넣고 물을 붓고 끓이다가 소금이나 치킨스톡으로 간을 맞추면 그만이다. 물론 물 대신 채수나 닭고기 육수를 쓰거나, 경우에 따라 월계수 잎을 더하면 풍미가 더욱 깊어지지만 물만 넣어도 한 끼 만족스럽게 챙길 만한 맛은 나온다. 그래도 걱정이 된다면 우유라는 마법의 소스가 있다. 우유를 넣고 블렌더로 곱게 간 뒤에 보글보글 김이 나도록 한소끔 끓이면 크림 질감의 포타주가 되니까. 바꿔 말하자면, 이것저것 시도하고 기교를 부릴 여지가 거의 없는, 지루하다 싶을 정도로 조리 방법이 단순한 음식이라는 소리다. 어차피 재료를 가지고 이것저것 조합한다고 해도, 마지막엔 결국 다 같은 곳에 몽땅 밀어 넣고 끓여야 한다. 수프 맛은 정직하다. 종갓집 장맛도, 절대 미각을 발휘해 간을 맞추는 귀신같은 솜씨도 수프 앞에서는 소용없다. 당신이 넣은 재료, 수프의 맛을 결정하는 건 오직 재료 맛뿐이다.

입력과 동시에 출력될 결과물을 예상할 수 있는 딱딱한 프로그래밍 언어 같은 이 멋없는 행위가 그래서 좋았나 보다. 수프를 끓이는 동안엔 기교를 부리고 싶어도 부릴 틈이 없다는 점이 좋았다. 멋있는 척, 화려한 척, '척'하지 않아도 재료만 잘 쓰면 반드시 제법 쓸 만한 결과가 나온다는 점이 묘하게 위안이 되었다. 좋은 장비나 일반 가정집 주방에서 흔히 볼 수 없는 특이한 조리 도구를 사지 않아도 곧바로 시작할 수 있다는 점도 기특하다. 필요한 건 깊이가 있는 냄비와 국자 그리고 감자나 단호박처럼 재료가 씹히지 않을 정도로 뭉갤 때만 꺼내는 미니 블렌더나 믹서뿐이다. 덕분에 주방이 없던 비좁은 원룸에서도 단호박 수프나 감자 수프만큼은 언제든지 끓일 수 있었다.

시작할 때 힘이 들지 않고, 동시에 두 개 이상의 불을 쓰지 않아도 된다는 점까지, 수프는 서울에서 방 한 칸을 겨우 빌려 자리를 잡으려고 발버둥 치던 시절에 나의 '비빌 언덕'이 되어주었다. 세상에 내 편이 하나도 없는 것 같은 야속한 날이면 집에 돌아와 수프를 끓였다. 불을 피우고 혼자만의 캠핑을 즐기는 사람처럼, 나는 인덕션 위에 재료가 가득 찬 냄비를 올리고 보글보글 끓어오르는 모양을 한참 쳐다보았다. 부글부글 흘러넘칠 듯 끓어오르는 그곳에 대낮의 소음 같은 기억들도 묻어버렸다.

황유미
5년간 광고회사에서 일했고 지금은 7년차 작가다. 소설집 《피구왕 서영》, 《오늘도 세계평화를 찾아 주셔서 감사합니다》, 산문집 《수프, 좋아하세요?》를 썼고 밀리의 서재 오리지널 《I형 인간의 사회생활》, 《독립어른 연습》을 연재했다. 매일 집에서 '오늘은 뭐 먹지' 고민하는 집밥주의자로, 장래희망은 손맛 좋은 동네 할머니다.

무슨 일이 생겨도
수프는 끓일 수 있으니까

위치만 다르지 생김새는 비슷비슷한 좁은 방을 여러 번 전전하는 동안 끓여 먹은 수프 그릇도
쌓여만 갔다. 단호박 포타주, 감자크림 수프, 토마토 수프, 포토푀, 닭고기 수프, 칠리 콘 카르네,
조개크림 스튜. 어느 순간 요리책을 보지 않고 재료를 이것저것 조합해 새로운 맛을 만드는
놀이처럼 수프를 끓이고 있었다. 놀이가 늘 재미있었던 건 아니다. 어떤 날엔 양배추에서 나는
쓴맛만 가득한 탕약 같은 수프를 억지로 삼키느라 고생했고, 또 어떤 날엔 토마토 신맛만 나서
설탕을 마구 들이부은 뒤에야 겨우 먹을 수 있었다.

그런데도 근사하게 정리된 조리법을 찾아보는 대신 자꾸만 모험을 택했다. 냉장고에 남아
있는 재료, 주말에 동네를 산책하다 시장에서 홀린 듯 구매한 제철 식재료만 넣어도 그럴싸한
요리로 탄생할 수 있을 거라는 기대를 품고서. 그런 대책 없는 낙관마저 일단 다 넣고 뭉근하게
오래도록 끓여버리면 그만인 수프이기에 가능했다. 물론 요리 전문가들의 조리법을 참고하면
필요한 식재료 단가가 갑자기 두 배, 세 배 늘어나니까 괜히 그쪽으로는 기웃거리지 말자는
계산도 깔려 있었지만. 어쩌면 나는 주방이라는 실험의 장을 빌려 헤매고 망치더라도 '아무
일도 일어나지 않는다.'는 걸 확인하고 싶었던 것 같다. '실패해도 괜찮아.'라는 힘없는 말 대신
실패의 '맛'을 내 목구멍으로 직접 넘겨봐야 안심할 수 있는, 그런 의심 많은 유형의 인간이기에.

놀랍게도 아무 일도 일어나지 않았다. 예상하던 것과 전혀 다른 맛이 나는 수프를 끓여도.
기대와 다른 실망스럽고 밍밍한 맛의 수프를 며칠 동안 나눠서 겨우 해치워야 했을 때도. 월계수
잎에 강황가루, 렌틸콩, 소고기까지 큰마음 먹고 싹 다 구매해서 끓인 수프가 썩 만족스럽지
않았던 어느 저녁조차 별일 아니었다. 결국 국물 대신 밥이라도 말아 먹든, 얼려두었다가
바쁜 아침에 식사 대용으로 챙기던 간에 아무튼 다 해결했으니까. 화가 날 정도로 당혹스러운
결과물을 마주한 순간에도 나는 '망한 수프 사용법'을 어떻게든 찾아냈다. 정말로 아무것도
아니었다. 울면서 다니던 회사를 대안 없이 그만두는 것도, 나이 서른에 갑자기 작가가
되어야겠다고 하루 종일 카페에서 글만 쓰는 삶도, 매일매일 '오늘은 뭐 먹지?'가 인생 최대의
난제인 그런 단순하고 특색 없는 삶을 살게 된 것까지도. 아무 일도 벌어지지 않았다.

진짜 큰일은 이런 것이다. "어젯밤 잠을 못 자서 안정제를 먹고 겨우 잠들었어요." "12월 3일
이후로 계속 불안 증세에 시달려서 밥맛도 없네." "불면증 때문에 어제 한숨도 못 잤어. 나 병원
갈까?" 안정제와 수면유도제, 정신건강의학과 전문의 도움 없이는 일상의 바퀴가 굴러가지
않는 친구들의 근황을 듣고 가슴이 떨리는 것, 더는 살고 싶지 않다던 이에게 할 말을 고르고
골랐지만 적절한 말을 찾지 못해 내 형편없는 말재주에 답답해지는 날. 그냥 같이 울어버리자고
말하기엔 우리가 너무 자란 것 같아서, 그런 날에도 나는 결국 수프 핑계를 댈 뿐이다.

"힘들 땐 놀러 와. 수프 먹고 가."

오목한 정성의 모양

에디터 차의진
자료 제공 소일베이커

흙을 굽는 사람이라는 뜻의 '소일베이커Soilbaker'는 말간 얼굴의 그릇을 만든다.
정성스럽게 빚어진 흙 반죽은 뜨거운 가마에서 인고의 시간을 견뎌 식탁을 둘러싼 이야기를
담을 채비를 마친다. 이들의 따끈한 그릇을 감싸 쥐면 나는 요리뿐만 아니라 음식을 나누며
묻는 안녕의 말들, 같은 요리를 맛보며 만든 추억마저 고스란히 안는다. 요리하는 정성과
식사하는 즐거움을 담는 소일베이커의 그릇은 보이지 않는 삶의 맛을 담는 중이다.

한 끼의 가치를 담아

따듯한 한 그릇이 주는 위로가 있다. 재료를 다듬고 끓여
소박하게 담아내었을 뿐이지만 요리는 하루 끝 지친
나를 덥히는 것은 물론, 잘 알지 못하는 사람과도 관계의
물꼬를 틀 작은 도구가 되어준다. 소일베이커는 음식에
담긴 만든 이의 마음을 읽고, 식탁 위에서 이어지는 대화의
순간을 애틋하게 여기는 테이블웨어 브랜드다. 식사가
품은 특별한 힘을 이해하는 이들은, 식탁 위의 시간을
좀더 따듯하고 가치 있게 만들기 위해 2015년부터 그릇을
빚어왔다.

"그릇은 단순히 음식을 담는 도구가 아닙니다.
요리하는 이의 정성과 먹는 이의 즐거움을
연결하며, 문화를 담고 정서를 전하죠. 한순간의
이야기를 만들어내는 매개체예요. 우리는
사람들이 함께한 기억을 차곡차곡 담아낼 수 있는
그릇을 만들고자 합니다."

소일베이커의 테이블웨어는 만드는 이의 마음을 닮아
담백한 얼굴을 띤다. 화려함으로 치장하려는 욕심은
내려둔 채, 세라미스트·디자이너·요리사가 모여
아름답지만 쓰임새가 좋은 그릇을 고민한 결과다. 식기는
오랫동안 곁에 머물 단단함을 갖추면서도 사용 환경에
따라 흙, 그릇 두께, 모양이 세심히 결정된다. 예를 들어
레스토랑에서 사용할 그릇은 공업용 식기세척기를 견딜 수
있도록 적절한 재료와 만듦새를 조정한다.
모든 제품은 생활자기의 중심지, 경기도 여주에서
생산된다. 다양한 흙과 유약을 사용해 여러 제작 방식을
시도해 볼 수 있는 지역인 까닭이다. 서울 스튜디오에서
오랜 연구를 거쳐 견본이 완성되면, 이를 여주에서 몰드로
생산하는 방식. 용도와 제작 난이도에 따라 완성에 드는
시간은 한 달에서 최대 2년까지 이어진다.

담백한 인상의 또 다른 얼굴

소일베이커의 그릇은 비슷한 결이지만 분명한 개성을
갖춘 다양한 제품 라인이 눈에 띈다. 따듯한 산백토의
질감과 크림처럼 부드러운 유약이 조화로운 '산도',
네 가지 색상의 유약이 검정 소지와 만나 차분하고
멋스러운 느낌을 주는 '온서'. 이외에도 '다츠', '미담',
'크럼즈'를 비롯해 저마다 특징이 또렷한 열한 개 컬렉션을
선보여왔다. 여러 컬렉션을 한데 모아두어도 이질감이
들지 않고, 다채로운 식탁을 꾸려낸다.

"우리는 그릇이 쓰는 사람의 필요를 충족하는
동시에, 모든 라인이 서로 조화롭게 어우러지는
것을 가장 중요하게 생각해요. 사용자들이 다양한
상황에서 편안하게 제품을 조합하고 활용할 수
있기를 바랍니다."

우리 삶에 영감이 되는 아티스트, 디자이너, 브랜드와의
협업도 꾸준하다. '백세주'의 리브랜딩을 기념하며
선보인 '백세주 술잔'은 과감한 붓 터치를 잔에 고스란히
담아 한국적인 멋을 표현했다. 올해는 텍스타일 디자인
스튜디오 '파이브콤마'의 정혜진 작가와 협업이 예정됐다.
평범한 재료를 가구, 회화, 설치미술 등으로 변형해 재료의
잠재력을 발견하는 이우재 작가와는 일상에서 쉽게 사용할
수 있는 오브제를 기획 중이다. 창의적인 시각이 돋보이는
시도는 소일베이커의 미학에서 태동할 또 다른 모양의
도자기를 기대하게 한다.
소일베이커의 다음 발걸음은 키친웨어, 요리로 향한다.
테이블웨어를 넘어 사람들의 일상 전반에 스며드는
라이프스타일 브랜드로 성장하기 위해서라고. 무엇을
만들든 소일베이커는 음식이 주는 소소한 위로, 함께의
소중함을 식탁 위에 풍성히 펼쳐둘 것이다.

H. Soilbaker.kr

그릇으로 맺는 이야기

소일베이커 압구정
A. 서울 강남구 언주로173길 16 지하1층·지상 2층·3층
O. 매일 12:00-19:00

워크숍

소일베이커는 도자기를 매개로 사람들과 깊이 연결되는 경험을 나누고자 정동과 압구정 쇼룸으로 낯선 이를 초대한다. 그릇을 빚는 체험을 넘어, 요리 교실이나 화병 꽃꽂이 등 흙으로 빚은 물건에서 파생될 수 있는 활동이라면 무엇이든 시도한다. 특히 워크숍은 도자기의 매력을 소개하고자 마련되었다고. 깨진 물건을 직접 수리해 보는 '킨츠기 교실', 이끼 볼을 만들며 분재를 배우는 '코케다마 워크숍' 등이 그 예다. 해외 창작가들이 함께하기도 하는데, 더위에 지친 몸과 마음을 달래기 위해 열린 '여름 찻자리'에는 다도 전문가 우치다 요시코Uchida Yoshiko가 참여했다. 참여자들은 우치다 선생이 내려주는 말차를 맛보고, 네 가지 차와 그에 어울리는 비건 티 푸드를 플레이팅해 함께 준비했다.

전시

쇼룸에서 종종 열리는 전시 역시 그릇을 좀더 가까이서 경험하기 위한 기회다. 지난해 가을에는 식물 스튜디오 '4T'와 함께하는 기획전 〈다시, 시작〉이 열려 소일베이커의 그릇에 담긴 4T의 분재들이 공간 곳곳을 밝혔다. 베틀로 짠 섬유 예술품부터 손으로 조각한 나무 트레이까지 공예품도 전시의 소재가 된다. 소일베이커는 브랜드의 철학과 방향성에 공감하고, 자연과 일상 그리고 전통과 현대를 아우르는 이야기라면 기꺼이 우리의 눈앞에 펼쳐놓는다. 아름다움이나 기술적 완성도보다는 작품의 의미에 귀 기울인다. 전시는 별도의 예약 없이 판매 중인 제품들과 함께 감상하는 방식으로 진행되니 쇼룸 근처로 향한다면 방문하길 권한다.

소일베이커 정동
A. 서울 중구 정동길 33 신아기념관 2층 202호
O. 화-일요일 11:30-18:30, 월요일 휴무

셰프 테이블

도자기의 세계에 한 걸음 더 가까이 다가서고 싶다면
소일베이커의 다양한 콘텐츠를 주목하자. 공식
인스타그램과 홈페이지에서 연재하는 '셰프 테이블'은
미식 분야에서 활동하는 이들을 만나 요리에 대한 생각을
묻는 인터뷰 시리즈다. 등장인물이 소일베이커의 식기를
사용하는 모습을 참고해 봐도 좋을 터. 유럽 가정식을
모티브로 든든한 한 끼를 내어주는 용산의 '바통 밀
카페', 신촌문화관을 시작으로 '림보이 양조' 등을 전개한
임니콜라스와 김수연까지. 요리라는 매개로 연결된 낯선
이와의 대화를 듣다 보면 음식은 모두의 일상에 가장
보통의 존재임을 깨닫는다.

레시피

인스타그램 속 영상들도 소박한 한 그릇을 차려내는
조리법을 알려준다. 어렵지 않으면서도 건강한 레시피를
소개해 따라 하기 좋다. 영상 중간중간 비치는 식기를
감상하는 것도 작은 즐거움으로, 내 손에서 탄생한 요리와
소일베이커의 제품이 마주할 순간을 그려보게 된다.
레시피는 '구운 채소 카레와 뚝배기 밥 짓기', '집에서
즐기는 성수동 프렌치토스트' 등 근사한 메뉴로 가득하다.
정성스럽게 한 끼 차려내어 아름다운 그릇에 담아보는
경험은 언제나 나를 충만하게 할 것이다.

H. Instagram.com/soilbaker

02.

01.

04.

03.

01. 숨 접시 16 | SUM | 2만 2천 원
   자연의 색을 닮은 아담한 크기의 접시.

02. 다츠 타원 접시 | DOTS | 3만 6천 원
   묽은 물감이 뿌려진 듯한 도트로 통통 튀는 매력을 지닌 그릇.

03. 재주 면기 | JEJU | 2만 9천 원
   곧은 옆태가 단아하고 깔끔한 느낌을 주는 면기.

04. 미담 밈 뚝배기 | MIDAM | 4만 6천 원
   한식은 물론 수프나 스튜도 멋스럽게 담아내는 뚝배기.

05.

06.

07.

08.

---

05. 산도 디저트 볼 | SANDO | 1만 원
디저트뿐만이 아니라 차, 막걸리잔으로도 사용하기 좋은 작은 볼.

06. 고운 물컵 | GOUN | 1만 원
한국 백자의 색과 형태를 닮아 부드러운 곡선이 아름다운 물컵.

07. 온서 직사각 접시 | ONSEO | 4만 6천 원
생선이나 여러 가지 나물을 담기 좋은 사각 접시.

08. 송이 화병 | STUDIO | 3만 원
손으로 직접 빚어 만든 거친 질감의 도자기 화병.

덴마크 사람들의 일상은 식탁에서 시작되고 마무리된다. 이른 아침엔 일과를 충실히 해내야 할 자신에게 소박하고 건강한 끼니를 준다. 또 일과를 마친 후에는 가족이나 친구, 연인처럼 사랑하는 사람들과 둘러앉아 맛있는 음식을 나누며 대화 속에서 무르익어 가는 시간을 만끽한다. 덴마크에서 머물며 여유로운 삶의 태도를 응시한 이지은과 요핸 풀스비야Johan S. Fuglsbjerg는 그 시작점에 있는 '식탁'의 가치를 우리나라에도 전하기로 마음먹는다. 2019년 시작한 '에디션덴마크Edition Denmark'는 지속가능성, 단순함, 좋은 품질이라는 기준 아래 일상 속 먹고 마시는 시간을 제안한다. 그들이 음식으로 더 나은 나의 하루, 더 나은 세상을 만드는 것이 가능하다 말하는 것은 그 행위가 결코 어렵지 않다는 믿음이 있기 때문. 에디션덴마크와 함께 지금 어디에서 무얼 먹을지, 누군가와 마주 앉아 티타임을 누릴지 선택하는 것만으로도 나의 식탁에 흐르는 이야기가 풍성해진다.

EDITION DENMARK

식탁을 둘러싼 이야기

에디터 이명주
자료 제공 에디션덴마크

테이블과 일상을 아우르며

에디션덴마크는 'Table & Life'라는 키워드를 중심으로 '커피콜렉티브Coffee Collective', '대니시비키퍼스Danish Beekeepers', 'A.C. 퍼치스 티핸들A.C. Perch's Thehandel' 등 인상 깊은 덴마크 리빙 브랜드를 국내에 소개한다. 큐레이션 제품과 함께 좋은 시너지를 낼 만한 물성들은 자체 제작 상품으로 선보인다고. 에디션덴마크의 서촌 쇼룸에선 오랫동안 사랑받는 아이템과 더불어 그들이 제안하는 라이프스타일을 좀더 가까이 경험할 수 있다.

티포트 & A.C. 퍼치스 미니틴 세트

버튼 하나로 쉽게 티를 우릴 수 있는 티포트와 티가 한데 모인 제품. 덴마크 코펜하겐에서 문을 연 A.C. 퍼치스 티핸들은 무려 190이라는 시간을 넘어 전통과 품질을 지켜나가고 있는 티 브랜드다. 허브의 싱그러움이 담긴 '쿨허벌', 이국적인 과일의 풍미가 느껴지는 백차 '화이트템플'을 비롯하여 녹차, 홍차, 카페인이 없는 루이보스 등 다채로운 맛의 향연을 느낄 수 있다.

텀블러

좋은 습관의 시작이 되어줄 텀블러, 그중에서도 에디션덴마크의 것은 담백한 디자인과 견고한 소재가 돋보인다. 한 손으로 가뿐히 쥘 만한 크기와 170그램의 무게 덕에 휴대하기 편리한 것도 큰 장점. 스테인리스 스틸 소재로 내구성이 좋고 부드럽게 밀어 여닫는 뚜껑은 분리와 세척 또한 간편해 나의 일상에 오랫동안 머문다.

에브리데이 토트백

매일 들어도 질리지 않을, 하루를 더 편안하고 즐겁게 만들어 줄 에디션덴마크의 토트백이다. 가볍고 튼튼한 소재를 사용해 여행이나 잠깐의 산책 등 어떤 외출에서든지 쉽게 손이 간다. 앞면에는 실크 스크린 기법으로 깔끔한 로고가, 뒷면에는 자수 라벨이 새겨져 있어 덴마크의 느긋한 여유를 떠올리게 할 포인트가 된다.

대니시비키퍼스 꿀

대니시비키퍼스는 덴마크 청정 지역인 꿀 생산지의 지형적 특징과 계절별 꽃의 풍미를 그러모아 선보이는 꿀 브랜드다. 가열하지 않아 건강에 좋은 영양소와 효소가 살아 있는 생꿀만을 소개한다고. 작은 단지에 담긴 스프레드 제형이기에 오픈 샌드위치나 카나페, 샐러드, 판나코타 같은 디저트 등에 더하기 좋다.

H. Editiondenmark.com

A. 맛보아 서울 | 서울 성동구 성수일로 1
O. 화–금요일 11:00–18:00, 토–일요일 08:00–18:00, 월요일 휴무

A. 에디션덴마크 쇼룸 | 서울 종로구 자하문로9길 24
O. 매일 10:00–18:00

Interview Collections

우리가 만든 한 그릇

이른 아침, 졸린 눈을 비비며 각자의 자리로 향하느라 분주한 시간에 갓 만든 토스트와 커피가 있다면? 시원하게 한 입
베어 물며 나 자신에게 하루의 응원을 보내고, 커피 한 모금에는 슬며시 미소까지 지어지지 않을까. 망원동에서 604를
운영하는 파커와 희진은 오가는 이들의 식사를 성실히, 섬세히 챙겨준다. 그 살뜰한 마음의 뿌리를 두 사람에게 물었다.

노릇하고 따듯하게 구워진 사이, 604

에디터 이명주
포토그래퍼 김혜정

604의 한 그릇   **그릴드 치즈 토스트**

"보통 그릴드 치즈 토스트는 식빵을 사용하는데, 처음 메뉴를 만들 때 저와 파커는 식감이 더 바삭하면 맛있을 것
같더라고요. 그래서 캄파뉴로 만들게 됐어요. 꾸준히 더 맛있게 제공하기 위해 빵을 여러 번 변경했고 지금은 망원동
'하이놀리'의 빵을 쓰고 있습니다. 모차렐라 치즈와 체다 치즈, 베이컨을 듬뿍 얹고 샌드위치의 맛을 더 풍성하게 만들어
줄 스모키 소스와 크러쉬드 페퍼를 곁들여 드려요. 604 메뉴 중에서 재료가 가장 단순하지만 공들여 굽고 좋은 재료를
쓰니까 오랫동안 사랑받고 있어요. 갓 나와서 뜨끈할 때 손으로 들고 먹어보세요."

화창한 겨울날, 604를 만나게 되었네요. 함께 만드는
요리를 찾아 이곳에 왔어요. 반가워요.

희진 안녕하세요. 저희는 망원동에서 샌드위치와 커피를
내어드리는 604의 희진. (파커를 바라본다.)

파커 파커입니다.

(웃음) 지금이 11시죠. 여느 카페라면 한창 준비 중일
시간인데, 604는 오전 8시부터 문을 열고 오후 4시면
하루를 마쳐요. 카페에서는 보기 힘든 운영 시간 같은데요.

파커 맞아요. 오늘은 쉬는 날이지만 평소에는 지금이 가장
바쁠 때예요. 저는 7시 반에 출근해서 매장 창문을 닦고
오픈 준비를 해요. 춥고 해가 늦은 겨울에는 문을 열자마자
손님들이 오진 않아서 그러고도 한동안은 아내와 재료를
준비하며 아침을 보내죠. 이런 운영 시간을 결정한 건 작년
여름이었으니까 그리 오래되진 않았어요. 그동안 우리 둘
외에 직원들도 두면서 604 안과 밖에서의 시간을 균형
있게 만들어 보려고 고민했거든요. 운영 방식을 다양하게
조율해도 공간을 이끄는 우리가 매장에 상주해야 하는
시간은 길었죠. 그렇다면 이른 아침에 열고 이른 오후에
닫아보자 싶었어요.

희진 그 덕에 생긴 여가 시간에는 둘 다 운동을
시작했어요. 파커는 러닝, 저는 요가를요. 그동안엔 퇴근
후에도 자잘하게 해내야 할 일이 많았다면, 앞으로는
여가가 있는 삶을 꾸준히 지켜 보려고요.

운영 시간에 맞춰 아침이나 느지막이 점심을 먹으러
오는 분들도 있겠어요. 커피뿐 아니라 든든한 샌드위치와
토스트가 있잖아요.

희진 604에서 커피는 파커가, 샌드위치를 비롯한 요리는
제가 담당하는데요. 샌드위치 맛에 여러 가지 강력한
킥을 넣을 수도 있겠지만, 그것보단 커피랑 먹을 때
잘 어울리는지를 중요하게 생각해요. 여기는 커피숍,
샌드위치숍이 아니라 둘을 함께 파는 곳이니까요. 그래서
604의 분위기에 어울리는 메뉴로 재료의 질부터 맛과
전체적인 디자인까지 모든 게 균형이 맞도록 신경 쓰고
있어요.

파커 희진이 만드는 메뉴를 저도 전부 즐겨 먹고
좋아하지만 그중에서 일등을 꼽으라면 604에서 가장
오래된 메뉴인 '그릴드 치즈 토스트'예요. 저는 단맛이
강한 커피보다는 아메리카노를 좋아하는데, 둘의 조합이
아주 잘 어울리거든요. 물에 샷을 넣은 단순한 음료라도
토스트와 함께 먹을 땐 단맛처럼 감칠맛이 생겨요.

커피 메뉴를 살펴보니 시그니처라는 설명과 함께
'나나이모 커피'가 있더라고요. 귀여운 이름이라

생각했어요.

파커 604만의 시그니처 커피에 어떻게 특별함을 줄까
고민하다 나나이모라는 이름을 떠올렸어요. 캐나다
밴쿠버에 있는 섬 도시인데 밑에 깔리는 우유를 바다, 위에
올리는 에스프레소를 섬이라고 생각한 거죠. 나오자마자
바로 먹는 첫 모금이 맛있어요.

저는 어느 이모가 알려준 레시피인 줄 알았는데(웃음)!
'604'에는 어떤 의미를 담았어요?

파커 밴쿠버의 지역 번호가 '604'인데 유년을 그곳에서
보냈어요. 캐나다나 미국 쪽에서는 자신이 사는 곳을
지역 번호로 드러내기도 해요. 한국으로 예를 들면 누군가
어디서 왔냐고 물어보면 02나 031로 대답하는 거죠(웃음).
어린 시절을 추억하는 마음과 내가 비롯된 곳을 대표하는
마음, '육공사'라고 쓰기도 하면서 한국적인 요소까지 더한
이름이라 생각해요. 그걸 떠올리는 데 5분도 안 걸렸어요.

604의 시작을 물으려면 두 분의 인연에 대해 먼저
들어봐야겠어요.

파커 저희는 대학교에서 만났어요. 첫인상이 좋아서 제가
먼저 다가갔죠.

희진 성향을 따지자면 파커는 저와 굉장히 다른 사람인데
유머 코드가 잘 맞아서 금세 가까워졌어요. 신입생 때 처음
만나 5년 연애하고 결혼 3년 차에 이곳을 열게 됐어요.
처음에는 망원동이 아닌 중화동이었고요.

파커 원래 카페를 여는 건 '우리'의 계획이 아니라 '나'의
계획이었어요. 대학원을 다니며 공부를 오래 하고 일도
10년 정도 했지만, 문득 '이걸 평생 할 수 있을까?'라는
질문을 받으면 대답하지 못할 것 같더라고요. 새로운
도전으로 좀더 재미있게 일하고 그걸로 생활이 될 만큼의
돈도 벌 수 있다면 좋겠다는 생각이 들었죠. 그때가
한국에서 개인 카페가 하나둘 생길 때였는데, 희진이 제가
커피를 좋아하니까 배워보면 어떻겠냐고 제안했어요. 커피
일을 병행하며 하던 공부를 다 마칠 때쯤, 있는 돈을 탈탈
털어서 3주 정도 함께 유럽 여행을 떠났어요.

희진 그리고 돌아오면서 파커는 커피숍을 하겠다는 결심을
했죠.

희진 씨는 어떻게 합류하게 된 거예요?

파커 604의 문을 열 때, 아내가 커피랑 곁들일 수 있는
간단한 음식이 있으면 좋겠다고 했어요. 찾아오는
지인들을 위해 평소 즐겨 먹던 샌드위치를 준비하면
어떨까 싶어 아내가 만들게 됐죠. 지속적인 판매의
개념으로 시작한 게 아니라 단가 계산 같은 건 생각도
안 했었고요.

희진 원래 요리를 좋아해서 별로 어렵지는 않았어요.
도와준다는 마음보다 당연히 함께 하는 거고 안정된
후에는 나만의 길을 가야겠다 생각했거든요. 정식 오픈
전에 친구들을 초대해서 함께 나눠 먹고 사진을 찍어
올렸는데, 다음 날부터 손님이 밀려오기 시작한 거예요.
그다음 날에는 더 오시고. 당장 눈앞에 우리 요리와 커피를
드시러 온 손님들이 있으니 빠지겠다고 생각할 겨를도
없이 그저 열심히 하면서 지금까지 온 거예요. 농담으로
"빠지려면 그때 빠졌어야 했다."고 말해요(웃음).

　이제 희진 씨 요리가 없는 604는 상상하기 어려운걸요.
일과 일상을 함께해 온 두 분이 서로 어떤 의미인지
궁금해요.
희진 파커는 제 중심을 잡아주는 사람이에요. 어린 시절의
저는 호불호도 분명하고 극적인 성향이었는데 일상에서는
몰라도 일할 땐 둥글게 바뀌어야 할 부분도 있었어요. 매일
손님을 마주하는 업이라면 더더욱이요. 파커가 오랜 시간
곁에서 좋은 태도와 마음가짐을 보여준 덕분에 제가 많이
배우고 성장했어요. 롤모델 같은 거죠.
파커 그렇게 거창한 말을….
희진 그럼 롤모델은 지워주세요!
파커 (웃음) 아내는 제 베스트 프렌드예요. 되게 편안하고
좋아하는 친구죠. 편하다는 게 상대방을 생각하는 마음의
크기가 작다거나 하대한다는 의미가 아니라, 불편한
긴장감을 풀고 나라는 사람을 자연스럽게 보여줄 수
있다는 의미예요. 어릴 때 해외에서 자라면서 누군가를
만날 때마다 항상 긴장했거든요. 그래서 저에겐 심적인
편안함을 끌어내 주는 관계가 중요해요. 아내는 이보다
더 좋은 사람, 더 좋은 관계가 있을까 싶을 정도로 친한
친구예요.

　두 분이 함께 먹고 마실 것을 내어주는 일을 7년 넘게
하면서 나날이 깨닫는 점도 있을 것 같아요.
파커 음, 저는 쉽게 규정짓지 않으려고 해요. 예를 들어
'단골' 같은 말이요. 한 달을 꾸준히 온 손님이라도 언제든
자기가 먹고 싶은 걸 따라 다른 곳으로 갈 수도 있잖아요.
너무나 자연스러운 거고요. 단골이라 규정한 그분을
기다리는 마음이 들어버리면 그 자체로 무거워지더라고요.
"왜 안 오시지…?" 이러면서요. 자주 찾아주시는 분들에게
너무나 감사한 마음을 갖고 있지만, 특별하게 표현하는 건
줄이려고 해요. 손님들이 오가는 걸 자연스레 받아들이고
싶어요.
희진 요리를 파는 일은 만드는 이의 양심에 아주 많은 게
맡겨져 있더라고요. 먹는 사람은 잘 보이지 않는 곳에서
완성된 요리를 그만큼의 가치와 믿음을 지불하고 먹는

거죠. 저는 '선한 양심'이라 말하곤 하는데 청결이나 위생
문제를 절대 양보하지 않아요. 손님한테 보이는 부분은
깨끗하게, 안 보이는 부분은 더 깨끗하게 하자고요.

**그러고 보니 604의 인스타그램 속 기록 한 가지가
떠올라요. "어려운 것을 쉽게, 쉬운 것을 깊게, 깊은 것을
유쾌하게"라 적어뒀죠.**
희진 일본의 한 극작가가 한 말인데 너무나 와닿아서
적어 두었어요. 우리와 604가 추구하는 분위기나 지금껏
이야기해 온 내용의 중심 키워드는 '편안함' 같은데요.
손님들이 편안함을 느끼려면 반대로 우리는 엄청 예민해야
한다고 생각해요. 세세한 것들로 신경 쓰이지 않도록 모든
준비를 마쳐야 비롯될 수 있다고요. 그 준비라는 건 매일
아침 가게의 유리창을 닦거나 좋은 재료를 쓰는 것처럼
기본을 성실히 행하는 마음가짐에서 시작되겠죠? 쉬운
일은 아니어도 충분히 숙달해서 편안함을 쉽게 내어주기
위해 노력해요.
파커 맞아요. 이미 우리가 충분해서 하는 말이 아니라
충분해지기 위해 그렇게 생각하고 말하는 것 같아요.
604에서 음식을 준비하고 그걸 먹는 사람들을 보는 일상은
이제 특별한 의미를 찾지 않아도 될 정도로 익숙해졌어요.
큰 목표나 그럴싸한 바람보다, 손님들이 불편해하지
않고 우리도 손님들로 인해 불편하지 않은 하루를 보내길
바라요. 그렇다면 무척 좋은 날이었다고 생각하면서요.
(햇살이 쏟아지는 창가 자리를 바라본다.) 지금 604의 모습이 너무
아름답네요.

**그러게요. 마지막으로, 이번 기획에서 '우리가 만든 한
그릇'에 대해 들려줄 분들에게 던질 공통 질문이 있어요.
604의 요리에서 빠질 수 없는 한 가지가 있다면요?**
파커 단어로 말하자면 섬세함이에요. 손님들에게 나가기
전에 요리 상태가 어떤지, 컵에 흠이 있진 않은지 볼 수
있는 자세죠. 한두 번 신경 쓰지 않고 넘어가 버리거나
익숙해지지 않으면 하기 굉장히 어렵거든요. 어렵다는 걸
알고 있기 때문에 더더욱 해내요. 그 한 끗이 큰 차이가 될
수 있으니까요.

따듯한 햇살이 들어오는 자리에 앉아 치즈가 늘어진 토스트 한쪽을 들었다. 곁에 놓인 소스에 푹 찍어 먹고 아메리카노도 한 모금 마셨다. 급할 것 없이 꼭꼭 씹으며 그 시간을 만끽하다 보니 문득 오늘의 아침이 마음에 든다. 누군가의 마음에 쏙 드는 식사 시간을 위해 그 뒤에서 분주히 움직일 두 사람이 떠올랐다. 만드는 이들의 성실 덕에 먹는 이의 하루가 두텁다.

A. 서울 마포구 동교로 49 정하빌딩 1층
O. 화-금요일 08:00-16:00, 일-월요일 휴무
H. Instagram.com/604seoul

음식을 나누는 공간에는 적어도 두 사람이 있어야 한다. 접시를 채우는 이와 그 접시를 비워내는 이. 그 관계는 대부분
식사를 마친 후에 가벼운 인사를 주고받으며 마무리되지만, 그중 일부는 꾸준히 걸음하는 친근한 존재가 되어 요리가
오가는 공간에 밀도를 더한다. 서촌에서 10년 넘게 음식점을 운영한 푼크툼의 주인장은 말한다. 자신의 요리는 오는
이들과 함께 서서히 완성되었다고.

어느 작은 부엌의 이야기, 푼크툼

에디터 이명주

포토그래퍼 김혜정

푼크툼의 한 그릇 　　　　　　　　**라따뚜이**

"프랑스 가정식을 하다가 카레집을 연 후에도 단골손님들이 '그때의 라따뚜이'가 먹고 싶다며 줄곧 찾았어요. 결국
푼크툼의 정식 메뉴가 되었죠. 라따뚜이는 프랑스의 된장찌개라고나 할까요? 숭덩숭덩 자른 야채에 토마토소스를
끼얹어 오븐에 굽는, 집에서 간단하고 소박하게 해 먹는 요리예요. 가게에서는 예열이 필요한 오븐 대신 팬을 쓰는데,
재료에서 불맛이 날 정도로 노릇할 때까지 굽죠. 그 위에 직접 만든 토마토소스를 올려 끓이고 치즈를 뿌려서 내어드려요.
효모만으로 담백하게 구운 빵 위에 라따뚜이를 듬뿍 올려 먹으면 맛있어요."

**푼크툼은 서촌에 오랫동안 자리하며 단골손님들의
식사를 책임지는 가게라 들었어요. 간단히 소개해 주세요.**
카레를 만들어 파는 작은 가게 푼크툼입니다. 지금은
브레이크 타임인데 직전까지 손님들이 오셔서 이제야
한숨 돌리네요. 보통 이 시간에는 점심도 챙겨 먹고 잠시
쉬다가, 오후 재료 준비를 하느라 쏜살같이 흘러가요.
이 작은 가게를 혼자서 분주히 움직이죠. 아참, 그런데
제 이름을 꼭 말해야 하나요?

**원하지 않으신다면 묻지 않을게요. 조금
부끄러우신가요?**
음, 부끄럽다기보다 별로 특별한 게 없어서요(웃음).
자기만의 스토리가 뚜렷하고 대단한 분들이 책에 쓰일
텐데, 저와 푼크툼에게 거창한 이야기는 없어요. 그래도
주신 질문마다 솔직하게 말해볼게요. 오늘 날이 좀 추운데
뱅쇼 드실래요? 팔각이랑 정향, 과일 두툼하게 썰어 넣고
푹 끓인 거예요.

**금세 몸에 온기가 돌 정도로 맛있네요. 귓가에
들리는 라디오 소리도 좋고요. 이전에 브레이크 타임이
끝나자마자 찾아왔을 때 사장님이 문을 열고 조명을
다 켜기도 전에 라디오를 먼저 트는 걸 봤어요.**
전 세계 방송이 나오는 '레보revo'의 인터넷 라디오예요.
제가 음악을 좋아하는데 음악 외에도 알아들을 수 없는
다른 나라의 언어들이 노래처럼 흐르는 게 재밌더라고요.
마음이 편안해지고요. 특히 독일어 발음이 남성적이면서
멋있게 들려요. 손님들이 불편해하실지도 모르니까 붐비는
시간대에는 잔잔한 라운지 음악을 틀고, 한적해지면 바로
제가 좋아하는 라디오로 주파수를 바꿔요(웃음).

이곳에 카레집 푼크툼을 연 지는 얼마나 되었어요?
여기는 5년째 자리를 지키고 있고, 전에는 근처에서 '나의
아름다운 세탁소'라는 프랑스 가정식 음식점을 5년간
운영했어요. 오래전, 프랑스에서 미술 학교에 다녔는데
그때 그곳의 요리법을 많이 배웠거든요.

혼자서 음식점만 10년이라니, 무척 긴 시간이네요.
10년이 어마어마하다고 생각되시죠? 저도 음식점을
연 지 1년쯤 되었을 때, 누가 무엇 하나를 10년 동안
했다고 하면 깜짝 놀라면서 대단해 보였어요. 그런데 3년
정도 지나니까 시간이 술술 흐르더라고요. 중간에 프랑스
요리에서 카레로 장르를 바꾸면서 더 오랫동안 이 일을
할 수 있게 됐죠. '나의 아름다운 세탁소'로 사람들이 저와
제 요리, 음식점을 이미 규정 짓고 바라보는 게
아쉬웠거든요. 저도 그 공간에 너무나 익숙해지던 터라

낮선 느낌을 찾아보고 싶었고요. 사실 처음엔 이름 없이 동네 분들이 편하게 오셔서 집밥처럼 즐기는 음식점을 만들려 했는데, 구청에서 이름은 꼭 지어야 한대요.

그래서 지은 게 '푼크툼Punctum'이죠. 어느 나라 말인지 알 수 없는 오묘한 느낌에 투박한 발음이에요.
대학교를 다닐 때 읽었던 롤랑 바르트의《카메라 루시다》에 나온 단어인데요. 그 책을 정말 좋아해서 밑줄까지 그으면서 읽었고 아직도 소중하게 간직하고 있어요. 우리가 사진을 감상하고 해석하는 개념에는 '스투디움Studium'과 '푼크툼'이 있대요. 스투디움은 사진에 대한 보편적인 정서를 말한다면, 푼크툼은 주관적인 경험을 바탕으로 해석하는 걸 말하는데 라틴어로는 찌른다는 뜻도 있어요. 우리가 어떤 장면을 볼 때 마음을 콕 찌르는 듯한, 아주 사적이고 개인적인 경험을 관통하는 듯한 느낌이 들 때가 있잖아요. 그것처럼 우연히 푼크툼을 봤을 때 영문도 모르게 마음이 사로잡혀서 무슨 음식을 파는 곳일까, 궁금해하면서 들어오길 바라며 지은 이름이에요. 요즘에는 가까운 식당을 가더라도 메뉴나 평점, 후기까지 전부 찾아보면서 마음의 검증이 끝나야 가는 문화잖아요. 조금 아쉬워요. 우연함에서 오는 재미가 없달까요.

바깥에 세워둔 입간판은 직접 만드신 거예요? 한자로 '점點'이 쓰여 있더라고요.
맞아요. 어느 날, 한 손님이 말을 걸었어요. 본인이 의사인데 푼크툼이라는 말이 의학 용어라면서, 눈꺼풀에 있는 눈물점을 뜻한다고 하더라고요. 눈물샘을 타고 흘러온 수분이 몸 바깥으로 빠져나오는 작은 구멍이요. 전혀 몰랐던 의미라 흥미로워서 입간판에 한자로 점도 쓰고 빨간색 동그라미를 콕콕 찍어뒀어요.

그러고 보니 공간 곳곳에 직접 그린 그림들이 보여요. 아트 포스터나 스크랩들이 벽면에 붙어 있고요.
그림뿐 아니라 음악, 아트북, 예술 작품이나 책에 관심이 많아요. 영화 보는 것도 좋아하고요. 처음에는 이곳을 수수하고 깔끔하게 두고 싶었는데, 가장 오래 머무는 사람은 결국 저니까 자꾸만 취향인 것들을 여기저기 두게 되더라고요. 직접 그리거나 책 한쪽을 뜯어 오기도 하고 즐겨 듣던 CD들을 가져다 뒀어요. 푼크툼에서 손님에게 내어드리는 식기도 아주 오래전부터 제가 하나씩 모은 것들이에요. 다행히 공간의 주인장과 비슷한 걸 좋아하고, 비슷한 걸 지향하는 분들이 연결되어 이 안까지 들어오는 것 같아요.

메뉴 이야기도 하고 싶은데, 카레를 만들게 된 이유가 있다면요?

제가 잘 먹고 좋아하는 메뉴라서요(웃음). 카레에는 큐민이나 카다멈, 고수 같은 이국적인 향신료가 들어가는데 그 향긋함이 좋아서 한가득 끓여두고 열흘 내내 먹은 적도 있어요. 그리고 고등학교에 다닐 적엔 지금처럼 카레를 만들어 파는 가게가 잘 없었으니까 집에서 엄마가 끓여준 '오뚜기 카레'를 별식처럼 맛있게 먹던 추억이 생생해요. 그래서 결정했나 봐요. 특별한 이유보단 단순히 좋아하는 거라서. 생각해 보면 이전에 프랑스 요리를 한 이유도 그저 몇 가지 할 줄 알았고, 그 음식들을 한국에서 합리적인 가격에 먹고 싶어서 가게도 연 거예요. 인도의 커리 레시피를 그대로 따라 해보면서 적절한 과정들을 추가하거나 빼냈고 그 결과 푼크툼만의 카레가 탄생했죠.

누군가 푼크툼의 대표 메뉴를 묻는다면 어떤 거라 답하세요?

손님들이 가장 많이 주문하는 건 '시금치 그린 커리'예요. 초록색 커리와 하얀 수란, 노란 강황밥의 모습이 예뻐서 그런 게 아닐까 싶은데 맛에 대한 호불호는 뚜렷한 편이에요. 슴슴하고 건강한 맛이거든요. 커리 안에는 주사위 크기만큼 작게 조각낸 두부가 들어 있어요. 원래는 파니르 치즈를 넣었는데 팬데믹을 거치면서 수입 식료품은 쓰기 쉽지 않아서 대신 두부를 넣어봤죠. 제 입맛에는 그게 더 든든하고 조화롭게 느껴지더라고요. 곁에 짭짤한 화이트 페타 치즈를 으깨서 올려두니까 같이 섞어 먹으면 맛있어요.

작은 종지에 담긴 당근 라페, 토마토와 치즈에 올리브유를 두른 샐러드를 함께 내어주죠. 식사를 마칠 즈음엔 요거트가 나오고요. 보기에도 먹기에도 좋아서 푼크툼에서의 식사 시간이 즐거웠어요.

여길 여러 번 와보셨어요? 잘 아시네요. 그것도 제가 그렇게 곁들여 먹는 걸 좋아하기 때문에 준비하는 거예요. 당근 라페나 미니 샐러드가 진한 카레를 먹기 전엔 입맛을 돋워주고, 먹고 난 뒤엔 가볍게 마무리를 해주거든요. 궁합이 좋은 조합 같아요. 요거트는 가득 만들어서 저도 먹고, 손님들에게는 에스프레소 컵에 담아 블루베리 잼과 그래놀라를 곁들여 드려요. 보기에도 먹기에도 좋았다니 감사하네요.

문득 음식을 만들어 다른 사람들과 나누는 일은 사장님에게 어떤 의미인지 듣고 싶어져요. 이름의 의미와 메뉴까지, 손님들과 함께 만들어나가는 가게 같아서요.

사실 처음부터 무얼 잘 하거나 많이 안 채로 시작한 게 아니에요. 그럴싸한 가게가 '짠!' 하고 생긴 게 아니라 손님들과 오랜 시간 상호작용을 주고받으면서 찬찬히 완성해 나간 거죠. 그때는 손님들이 나날이 더 맛있어진다고 해주셨어요(웃음). 지금은 누가 맛있다고 하면 더 열심히 해야겠다며 능청스레 답할 정도의 여유는 생겼지만, 아직도 손님을 대할 때 무척 긴장하는 것 같아요. 손님이라는 존재가 무겁고 무섭게 다가와서 한 명이든 수십 명이든 응대하고 나면 항상 어깨가 뻐근하죠. 그 이유를 고민해 봤는데, 요리를 돈을 받고 내어드리기 때문이에요. 응당한 대가가 오가는 거니까 항상 긴장감을 갖지 않으면 저 자신도 납득하지 못하는 걸 아무렇게나 내어주고 말 거예요.

나의 요리가 다른 사람에게 직접적으로 영향을 준다는 걸 언제나 기억하고 있다는 뜻으로도 닿아요.

음식의 본질은 사람에게 섭취되어 몸에서 영양소로 머무는 거잖아요. 먹는 게 건강과 밀접하다는 걸 누구보다 몸소 느끼다 보니 늘 좋은 한 끼를 생각할 수밖에 없죠. 자극적인 맛은 없어도 편안하게 한 끼를 해결하고 남은 하루를 보낼 에너지를 드리고 싶어요.

오늘 저는 푼크툼 덕분에 기분 좋고 맛있는 점심을 먹었는데요. 사장님은 손님들이 어떤 반응을 보일 때 가장 기분 좋으세요?

가시기 전에 한 그릇 맛있게 잘 먹었다고 이야기해 주면… 종일 피곤하고 힘든 게 다 녹아버려요. 그 '맛있다'는 한마디가 어마어마한 힘을 갖고 있나 봐요. 아, 그리고 음식을 남김없이 깨끗하게 드시는 분들이 많거든요. 마음속으로 정말 훌륭하다면서 감탄하죠(웃음).

푼크툼의 요리에서 빠질 수 없는 단 한 가지가 있다면 무얼까요?

뭘까요…. 되게 어려운 질문인데요. 어디든 요리를 내어주는 곳이라면 음식이 맛있고 건강한 건 기본일 테고, 더 나아간다면 보기 좋은 '플레이팅'이라고 생각해요. 예쁘고 화려해야 한다는 게 아니라, 만든 이의 취향이 고유한 담음새로 보여지는 게 중요한 거죠. 그래야 나와 결이 맞는 사람들을 이 문턱을 넘어 안으로 들어오게 할 수 있으니까요.

작고 아늑한 부엌의 미닫이문을 꼭 닫고 돌아 나오며 생각했다. 오랫동안 같은 자리에서
마음을 담아 만든 음식을 내어주는 것만으로도 주인장과 푼크툼은 충분히 반짝인다고.
나에서 시작된 요리가 다른 사람의 안위를 챙기는 마음으로까지 나아간 것은 분명히
특별하고 의미 있다고. 슴슴한 한 접시의 카레가 머지않아 또 떠오를 것만 같다.

A. 서울 종로구 필운대로 31
O. 화-일요일 12:00-20:00(브레이크 타임 평일 14:30-18:00, 주말 14:30-17:30), 월요일 휴무

연희동 끝자락, 흐르는 개천과 비어 있는 건물들 사이로 유독 사람과 음식의 훈기가 풍기는 곳이 있다. 맛있는 한식
요리와 술 한잔을 이렇게나 많은 사람이 찾는구나 싶다면, 그것만이 또또의 전부는 아니다. 언제 와도 환대를 내어주고
다양한 세대의 동료들과 손님들이 느슨하게 연대하기에, 새어 나오는 오붓한 정성을 한 아름 안고 싶은 날마다 우리는
또또로 향한다.

오붓한 정성이 새어 나오는 곳, 또또

에디터 이명주
포토그래퍼 박은비

또또의 한 그릇   두부김치

"또또는 김치가 맛있어요. 김치를 쓰는 메뉴도 많아서 자주 그리고 열심히 담그고 있는데, 그중 하나가 두부김치예요.
아침마다 손두부집에서 사 온 두부를 먹기 좋은 크기로 자르고, 튀김가루를 앞뒤로 골고루 묻혀요. 그리고 국간장으로
간을 한 달걀물을 준비하는데 고명으로 쑥갓이나 홍고추, 부추 같은 걸 썰어 넣죠. 알록달록 예쁜 달걀물에 두부를 폭
담갔다가 프라이팬에 올리고, 다 익어갈 때쯤 들기름을 한 바퀴 훌훌 둘러요. 그럼 두부가 '노오란' 빛을 띠면서 더욱
고소하답니다. 이렇게 먹는 두부는 무조건 맛있어요(웃음). 신김치는 참기름이랑 다진 마늘, 후추를 넣어 볶아주면 풍미가
살아나요. 김치가 과하게 시다면 설탕을 약간 넣어주세요."

또또는 가족들이 함께 꾸려 나가는 선술집이죠. '대장'인 윤선 씨가 또또를 소개해 주세요.

만나서 반갑습니다. 또또는 2009년 경기도 평택에서 '또또포차'라는 이름으로 시작되었고 2022년 12월, 서울 연희동에서 다시 이어가고 있는 한국식 선술집이에요. 엄마가 요리를 하고 아빠가 홀을 담당하던 또또포차가 팬데믹으로 문을 닫게 된 게 못내 아쉬워서, 막내딸인 제가 이곳에서 다시 열어보자고 했어요. 감사하게도 많은 사랑을 받은 덕에 일손이 부족해져 삼촌도 모셔왔고, 홀을 담당해 줄 동료 두 명도 들어와 단란하게 꾸려 가고 있답니다.

곧 문을 열 시간이라 모두들 분주해 보여요. 요리의 훈기가 퍼져서 배도 고파지고요(웃음). 또또의 일과는 어떻게 흘러가요?

오후 5시부터 손님들을 만나지만 일과는 이른 아침에 시작해요. 아버지 철균 님이 매일 아침 오토바이를 타고 시장에서 재료를 사 오면, 엄마인 민자 실장님과 삼촌 규동 님이 재료를 손질하고 양념을 준비합니다. 오후에는 접객을 책임지는 든든한 동료 규호, 혜연 님이 출근하고요. 대표인 저는 요리나 주류 관련 업무, 인스타그램과 전반적인 운영을 도맡아 하고 있어요.

호칭 대신 서로의 이름을 불러주네요?

처음부터 그렇게 하기로 약속했는데 바쁠 때는 귀여운 애칭으로도 불러요. 올바르고 명확한 결정을 해주는 혜연 님은 '판사님', 양념을 빠르게 잘 채워주시는 철균 님은 '양념 할아부지', 또또가 잘 운영되도록 여러 업무를 묵묵히 해주는 삼촌은 '엔젤'이라고요. 물론 이보다 더 급할 때는 가족 관계가 먼저 튀어나오지만(웃음), 그 밖에도 사연 있는 호칭이 참 많아요.

그러고 보니 또또의 의미가 궁금해요.

쑥스럽지만 저를 부르던 애칭이었는데요. 윤선이라는 이름보다 입에 잘 붙어 고등학생 때까지도 가까운 가족들은 모두 저를 강아지 부르듯 '또또'라고 했어요. 그 유래에 대해선 부모님 의견이 아직도 분분해요. 엄마는 아들을 바라던 아빠가 둘째도 딸을 낳자 "또, 또…또 딸이야?" 하고 말을 더듬었기 때문이라 하셨고, 아빠는 똑똑하고 강아지처럼 귀여워 부른 거라 반론하세요. 진실은 알 수 없지만, 생업을 유지하기 위해 처음 포차를 열었을 때 엄마가 인생에 늘 운이 따른다고 여겼던 막내 애칭을 가게 이름으로 쓰면 좋을 것 같다고 하셨죠. 지금은 "또 봐요. 우리", "또 만나요. 또" 등의 슬로건으로 새로운 의미를 다시 만들어 나가고 있어요.

귀여운 사연이 숨어 있었네요. 윤선 씨는 왜 부모님에게 낯선 동네에서 선술집을 다시 해보자고 제안했어요?

또또포차는 맛깔나게 요리하는 엄마와 유쾌한 에너지로 홀을 운영하던 아빠 덕분에 동네에서 오랫동안 사랑을 받았어요. 분점을 내고 연중무휴에 새벽 5시까지 영업하던 호시절도 있었죠. 가세가 기울면서 폐업 소식을 들었을 때 서울에서 머물던 저는 큰 공허함과 상실감을 느꼈어요. 아마 가족들은 더한 마음이었겠죠? 지금 돌아보면 무모한 선택일지도 모르지만, 이제는 내가 부모님의 가장이 되어주고 싶다는 생각이 들었어요. 그 일을 브랜딩 컨설팅팀 '현현'의 대표이자 가까운 친구인 하덕현 대표와 의논하게 되었는데, 또또를 서울로 옮기겠다는 제 결심을 담담히 듣던 덕현은 고맙게도 함께 뜻을 모아 주었어요. 이전 공간의 중심은 그대로 가져오되 깔끔하고 편안한 느낌으로 다가갈 수 있도록 다음 걸음들을 알려주었죠.

맛있는 요리와 정다운 대화들이 기억 속으로 사라지는 게 아니라 새로운 모습으로 재현될 수 있기에, 그 과정이 의미 있었을 것 같아요.

현현의 동료들과 평택에서 같이 음식을 먹고 사진으로 기록하며 서울에서의 시작을 기약했던 날을 떠올리면 아직도 뭉클해요. 현현 덕에 연희동 또또가 부모님에게 상실의 증거가 아닌, 건강한 웃음과 맛있는 음식이 오가는 휴게소로 남게 되었어요. '또또'라는 글자를 지붕 아래 웃는 두 사람의 얼굴처럼 표현한 로고도 이때 떠올린 거예요.

평택에서의 나날처럼, 이곳 연희동에서의 나날도 추억으로 쌓일 텐데요. 이 동네를 고른 이유가 있어요?

여기는 제가 사는 곳과 가까워 익숙해요. 아름다운 홍제천과 안산이 있고, 작고 소담한 가게들이 즐비해서 부모님이 터전을 옮겨도 크게 낯설어하지 않고 평안한 일상을 보낼 수 있을 것 같았어요. 여러 세대가 조용하고 자유롭게 모여 있는 동네라 지금의 우리 가족 모습과 닮아 보이기도 했고요. 여기에 20대부터 70대가 함께 어우러진 또또가 뿌리내려 누구든 일주일에 몇 번씩 와도 질리지 않을, 진한 한식과 친근한 술을 내어드리기로 했죠.

윤선 씨를 비롯해 민자, 철균, 규동, 규호와 혜연 님이 합을 맞춰 나간 지 어느덧 3년째죠. 서로의 호흡은 어때요?

각자 잘하는 영역을 존중하고 단점은 채워주는 방식으로 꾸려 나가고 있어요. 어르신 동료들은 오랜 시간 자신의 분야에서 최선을 다한 전문가니까 그 점을 최대한 존중하고, 이외에 시간이 흐르며 달라진 문화나 일의 감각들은 홀 동료인 규호, 혜연 님과 대화하며 배워가요.

편견 없이 대화하려고 노력하는 어르신들을 홀 동료들이 가족인 저보다 더 따듯한 시선으로 응원하고 지지해 줘요. 또또에서는 늘 어르신들이 주목받지만, 그분들이 유달리 어려움을 느끼지 않고 일 할 수 있는 이유는 동료 규호 님과 혜연 님의 남다른 배려와 존중 덕분입니다. 이야기하다 보니 정말 또또가 행운의 이름이 맞나 봐요!

저는 또또에 올 때마다 기본 찬으로 주는 콩나물잡채가 인상 깊었어요. 잡채는 손이 많이 가는 음식이잖아요.
맞아요. 가족들이랑 살더라도 특별한 날이 되어야 반찬으로 올라오고 혼자 산다면 더더욱 자주 만날 수 없는 음식인데요. 따뜻한 잡채와 볶은 결명자를 끓인 물을 내어드리면 손님들이 대접받는 느낌이 들지 않을까 싶었어요.

맞아요. 정성스러운 찬 덕분에 배고파서 아우성인 속도 달래지고요.
그와 결이 비슷한 마음으로 준비하는 게 제철 안주예요. 봄에는 야채튀김이나 냉이쭈꾸미볶음을, 여름에는 고기 샐러드 같은 미나리수육무침과 늙은 오이로 만든 비빔밥을 드려요. 가을에는 맛있는 횡성 더덕을 굽고 무밥을 짓다가 겨울이 오면 통영 굴을 넣은 보쌈과 전, 우동을 준비하죠. 바쁘게 살아가는 우리들에게는 제철 맞은 재료로 만든 음식을 누군가 챙겨주길 바라는 마음이 숨어 있다고 생각해요. 제철 음식은 맛도 맛이지만 계절을 잘 보내고 있다는 기분이 들게 하니까요. 새 철이 오면 둥글게 모여서 우리만의 '안주 품평회'를 하는데, 가족이라고 봐주지 않고 다들 까다롭고 냉철하게 평가한답니다.

그러기에 더욱 애정이 가는 한 접시가 탄생하겠어요. 또또의 대표 메뉴는 뭘까요?
음, 실장님 이름을 딴 '민자 부대찌개'요. 민자 실장님 고향인 평택에는 미군 부대가 있어서 일명 '미제햄'이라 불리는 소시지와 판고기, 찐득한 체다 치즈를 어렵지 않게 구할 수 있었대요. 실장님은 그걸 "수입 코너 3종 세트"라 불러요(웃음). 경기도식 김치 베이스에 수입 코너 3종 세트를 조합해서 잘 익은 김치의 매콤새콤함과 농후한 치즈 맛이 함께 느껴지는, 밀도 높은 김치부대찌개예요.

따끈한 밥과 함께라면 끼니로도 거뜬하겠는데요. 일과를 마친 후라면 술 한잔을 곁들여도 좋겠고요. 또또를 선술집 말고 한식당으로 기억하는 손님도 많다고 들었어요.
제가 또또를 소개할 때 즐겨 쓰는 표현이 '한국식 선술집'이라는 거예요. 한국식 선술집은 문턱이 낮은 곳이라 생각하거든요. 술집이지만 자주 드나들어도 좋고

누군가와 함께 가도 되고, 배고프거나 별다른 대안이
떠오르지 않는 날엔 믿고 갈 수 있는 곳이요. 저는
부모님과 떨어져 자취를 오래 했고 바쁘게 직장 생활을
해왔던 터라, 저녁을 챙겨 먹는 삶이 얼마나 어려운지
이해해요. 그럴 때 고민 없이 걸음할 수 있는 공간이
있다면 그곳이 무어라 불려도 괜찮을 것 같다는 생각을
해요. 한국식 선술집으로 시작했어도 손님들 기억엔 술을
다양하게 파는 식당일 수도, 한식 전문점이나 맛집일 수도
있겠죠. 무어라 정의되기보다 일상에 자연스레 함께하는
식공간이길 바라요. 우리는 매일 이곳으로 오는 분들을
성심으로 대할 뿐이에요.

**관계가 완성하는 요리에 대해 들려준 윤선 씨에게
마지막으로 물어보고 싶은 게 있어요. 또또의 요리가
완성되기까지 빠질 수 없는 게 있을까요?**
무어라 답할까 고민해 봤지만, 결국 떠오르는 건 딱
하나였어요. '합심合心'이에요. 우리 동료들이 한마음으로
이곳에 모여주지 않았다면, 각자의 자리에서 온 마음을
다해 임해주지 않았다면 이미 또또는 추억 속으로
사라졌을지도 몰라요. 모두가 서로에게 꼭 맞는 조각이
되어서 정성스럽게 준비한 요리와 술을 손님들에게
내어드리고 있다는 게, 아직도 꿈만 같아요. 앞으로도
또또 가족들은 합심하여 성심으로 여러분을 맞이할게요.

고소한 요리 내음이 공간에 퍼질 때, 대화를 나누면서도 나의 시선은 노릇하게 구운
두부김치로 또르르 굴러가고 말았다. 마침내 매콤달콤하게 볶은 김치를 얹어 두부전을 한 입
베어 무니, 겨울의 추위는 부드럽게 녹아 사라진다. 그때 이 든든한 행복을 요리해 준
민자 실장님이 나에게 다가와 속삭이듯 말한다. "…모든 건 또또 덕분이에요. 엄마의 못다 한
꿈을 같이 이뤄주겠다고 했거든요. 이건 다 또또가 대단해서야."

A. 서울 서대문구 홍제천로6길 2 1층
O. 월-금요일 17:00-24:00, 토요일 16:00-24:00, 일요일 16:00-23:00
H. Instagram.com/ddoddo.seoul

흔히 요리책은 정갈한 사진으로 조리 과정을 하나하나 알려준다. 하지만 어떤 책들은 이상하게도 다른 목적에 관심이 있는 듯하다. 오브제로 쓰이거나 예술성을 성취하기 위해서, 혹은 책을 넘어 또 다른 프로젝트로 확장되기 위해서 만들어진 듯한 모습이다. 부엌 안보다는 밖에서 감상하면 좋을, 아트북에 가까운 요리책 네 권을 소개한다.

부엌 밖에서 읽는 요리책

에디터 차의진

자료 제공 어반북스, 포엣츠앤펑크스, 엠디랩프레스, 아파르타멘토

《나의 샐러드: Salad for Me》

어반북스

Concept

여덟 가지 샐러드 레시피를 에세이, 드로잉과
함께 수록한 푸드 드로잉 북.

Reader

책을 오브제로 활용하거나 감각적인
일러스트로 일상 공간을 꾸미고 싶은 사람.

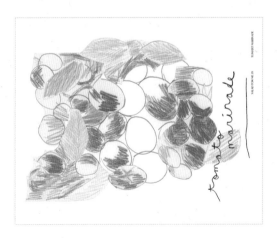

도시를 살아가는 현대인이 가장 편하고 쉽게 즐겨 먹는 음식이 있다면, 바로 샐러드일 것이다.
친근한 샐러드를 주제로, 출판사 어반북스의 콘텐츠 레이블 '아틀리에 드 에디토'는 푸드
드로잉 북을 펴냈다. 세세하게 요리법을 수록한 다른 쿡북과 달리, 책과 영화, 음악에서
발견한 여덟 가지 샐러드를 에세이 형식으로 수록한 것. 아틀리에 드 에디토에게 책은 읽기만
하는 종이 뭉치가 아니라, 일상 공간을 밝히는 일종의 오브제다. 따라서 텍스트가 아닌
이미지를 중심으로 책을 만드는데, 《나의 샐러드》에는 아티스트 사키가 그린 감각적이고
위트 있는 일러스트도 함께 실렸다. 이 책은 내지 절취선을 따라 일러스트를 한 장씩 뜯어서
포스터로 활용할 수 있다는 것이 흥미롭다. 아무리 멋지고 좋은 책도 시간이 흐르면 책장
구석에 자리 잡게 된다는 점을 아쉽게 여긴 결과란다. 산뜻한 색감의 작품으로 일상도 꾸미고,
레시피를 따라 나만을 위한 샐러드를 만들어 보는 일석이조 재미가 있는 요리책.

《ANJU & BANJU》   Poets & Punks

Concept

현대적으로 재해석한 한식 안주 레시피와 그에
어울리는 내추럴 와인을 페어링한 요리책.

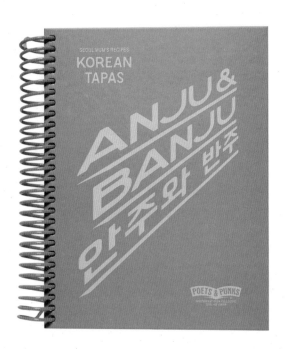

Reader

반주를 좋아하거나 색다른 술상을 맛보고 싶은 사람.

'안주와 반주'는 오선희 대표가 이끄는 런던의 독립 출판사 '포엣츠앤펑크스Poets &
Punks'가 한국식 안주 메뉴를 다룬 책이다. 레시피는 압구정 퓨전 한식 레스토랑 '수퍼판'의
우정욱 셰프가 개발했다. '잣 겨자 소스를 곁들인 차가운 해산물 샐러드', '불고기 크럼블과
매시트포테이토'처럼 양식을 결합한 특별한 한식을 만날 수 있다. 각 요리에는 궁합이 좋은
내추럴 와인을 추천한다. 내추럴 와인은 양조 과정에서 첨가물을 거의 넣지 않고 생산한
것으로, 일반 와인보다 산미가 강해서 한식처럼 맛이 기름지지 않고 신선한 음식과 잘
어울린다. 퓨전 한식이라도 집에서 간편하게 만들 수 있는 요리 위주로 소개한다는 점도
매력적이다. 익숙하지만 신선한 요리에, 내추럴 와인까지 곁들이며 조화를 음미해 볼 수
있으니 반주를 즐기는 사람에게는 신나는 경험을 선사할 것이다.

Recipe

잣 겨자 소스를 곁들인
차가운 해산물 샐러드

"차가운 해산물 샐러드(해물 냉채)는 조선 왕실에서 즐겨 먹던
애피타이저 중 하나입니다. 쌉쌀하고 달콤한 드레싱이 미각을
자극할 거예요."

재료

소고기 뒤사태 200그램, 새우 5마리, 전복 2마리(선택), 가리비
2마리, 배 4분의 1조각.

소스: 잣 2분의 1컵, 연겨자 2분의 1스푼, 설탕 1스푼, 꿀 1스푼,
식초 1스푼, 소금 2분의 1스푼

만드는 법

1. 소고기 뒤사태를 50분간 삶아 얇게 썬다.

2. 새우, 전복, 가리비를 3-4분간 삶는다.

3. 끓인 해산물을 차가운 물에 담가 식힌 뒤 물기를 제거한
   다음에 고기처럼 얇게 썬다.

4. 소스 재료를 모두 믹서에 넣고 곱게 갈아준다.

5. 고기, 새우, 전복, 가리비 순서로 차곡차곡 쌓아 접시에
   예쁘게 담아 완성한다.

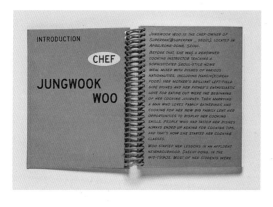

와인 페어링

라 그랑주 드 롱클 샤를 페티앙 나튀렐
La Grande de L'oncle Charles Petillant Naturel

"처음엔 신선한 맛이 느껴지다가, 이어서 독특하지만 매력적인
쌉쓰레함과 달콤함이 조화를 이루며 다가와요. 이 펫낫은
독특하고 개성 있는 탄산감으로 가득 차 있으며, 강렬한 머스터드
드레싱과의 페어링에서만 진가를 발휘합니다."

《베지 컬러스 3호: GREEN》　　　　　　　　　　　엠디랩프레스

Concept

한 가지 색을 테마로 식재료를 선정해 요리법을 소개하는
비건 일러스트 레시피북 시리즈.

Reader

다채로운 비건 레시피를 시도해 보고 싶은 사람.

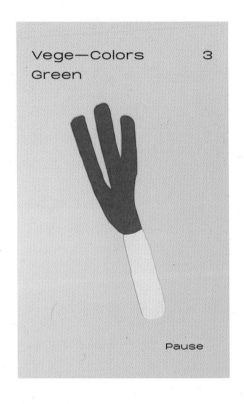

'베지 컬러스' 시리즈는 같은 색을 지닌 식재료를 모아 활용법을 알려주는 독특한 형식의
요리책이다. 예를 들어 그린Green 편에서는 시금치, 올리브, 대파 등으로 만들 수 있는
음식을 소개했는데, 1호 레드 편을 시작으로 5호 브라운까지 꾸준히 선보여왔다. 한 가지
색을 테마로 선정한 이유는 다른 레시피북과의 차별점을 두면서도 일러스트까지 돋보이게
하고 싶었기 때문이다. 모든 음식은 비건 지향 레시피로, 먹는 행위를 고민하는 사람들에게
읽을거리와 먹을거리가 많아지길 바랐던 결과라고. 비건, 락토, 페스코 베지테리언 등
비거니즘을 여섯 타입으로 구분하고, 각 유형이 먹을 수 있는 음식을 목차에 표기해 두었다.
모든 이미지는 실물 사진이 아닌 일러스트. 정확한 레시피를 따라 해도 만드는 사람마다
결과가 다르기에, 요리 과정을 완전히 사실적으로 표현하기보다 빈틈과 여지가 있는
일러스트를 사용했다. 디자인 스튜디오와 레스토랑, 출판사가 함께 머리를 맞대어 탄생한
책이기에 베지 컬러스의 연장선으로 팝업 레스토랑을 열거나, 굿즈를 선보이기도 한다.

Recipe

대파 페스토

> "쌉싸름하면서도 깊은 감칠맛을 자랑하는 대파 페스토는
> 양식은 물론, 한식이나 디저트 등 어디에든 활용할 수 있는 만능
> 소스랍니다."

재료

구운 아몬드 100그램, 깻잎 10그램, 다진 마늘 1스푼, 레몬 1개,
대파 파란 부분 150그램, 소금 약간, 후추 약간, 올리브오일.

만드는 법

1. 깨끗이 씻은 레몬을 강판에 갈아 제스트를 낸다. 남은
   레몬은 반으로 갈라 반 개분의 즙을 짜낸다.

2. 블렌더에 아몬드를 넣고 10-15초간 갈아준 뒤 잘게 찢은
   깻잎, 다진 마늘, 레몬 제스트, 레몬즙, 후추 4분의 1
   티스푼을 더한다.

3. 대파의 파란 부분을 직화로 30초간 골고루 익히고, 굵게
   채 썰어 블렌더에 넣고 간다.

4. 소금 한 꼬집을 더해 재료가 꾸덕하게 혼합될 때까지
   올리브오일을 넣으며 갈아주면 완성이다.

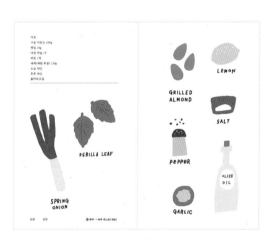

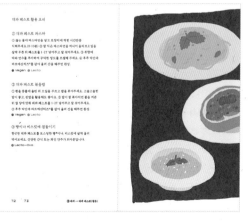

《Apartamento Cookbook #7: Late-Night Meals》

Apartamento

Concept

전 세계 셰프와 음식 애호가의 열 여섯 가지 야식 레시피를
일러스트와 함께 담은 요리책.

Reader

한 접시에 담긴 요리사의 뒷이야기와 생소한 요리법이
궁금한 사람.

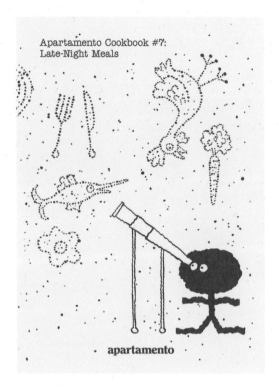

생활 인테리어 매거진으로 유명한 '아파르타멘토Apartamento'는 1년에 한 번 '아파르타멘토
쿡북'이라는 이름으로 요리책 시리즈를 발행한다. 2024년 기준으로 벌써 아홉 번째 책을
출간했다. 매호 주제는 달라지는데 쌀, 허브와 향신료, 달걀처럼 한 가지 재료에 집중하거나
샐러드, 샌드위치, 수프, 케이크와 디저트처럼 특정 음식을 다루기도 한다. 2022년 발행된
일곱 번째 쿡북의 주제는 '야식'. 소개 글이 인상적이다. "긴 교대 근무를 마치고 늦은 밤
귀가하거나, 즐거운 저녁을 보내고 비틀거리며 집에 들어왔을 때, 저녁 식사 후 배가 고프거나
흐릿한 눈으로 부엌을 뒤질 때 이 책이 필요하다." 세계 곳곳의 감각적인 집을 조명하는
아파르타멘토답게 전 세계 요리사와 미식가의 레시피를 수록했다. 잠을 부르는 고등어
샐러드부터 숙취를 방지하는 양파 수프까지 주제에 걸맞은 매력적인 요리가 가득하다.
매년 함께하는 일러스트레이터가 달라지는 것도 재미. 이번 호는 프랑스 아티스트 브누아
프랑수아Benoît François가 작업했다.

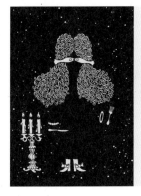

Recipe

스페인 아티스트 이그나시 몬레알Ignasi Monreal의 아이올리 간식

"10대 후반, 엄마 집에 살던 시절 밤에 출출할 때면 아이올리를 만들어 먹곤 했어요. 아이올리는 흔히 디핑소스로 활용하지만, 저는 갓 구운 빵과 함께 먹는 걸 좋아해요."

재료

달걀 1개, 껍질 깐 마늘 1쪽(더 강렬한 맛을 원하면 2쪽),
해바라기유 300밀리리터, 엑스트라 버진 올리브유
100밀리리터, 식초 약간, 소금 약간.

만드는 법

1. 달걀을 깨서 계량컵에 넣은 뒤 나머지 재료도 모두 넣는다.

2. 핸드 블렌더를 사용해 천천히(중요) 블렌더가 컵 바닥에 닿은 상태로 섞는다.

3. 재료가 유화되기 시작하면 블렌더를 천천히 위아래로 움직이며 원하는 농도가 될 때까지 섞는다.

카페가 흔치 않던 시절 한 잔의 여유를 누리고 싶은 사람들은
다방으로 향했다. 세월이 흘러 옛 정취를 안은 공간은 신식 카페가
넘쳐나는 시대에도 고유한 아름다움을 묵묵히 지키며 골목을 밝힌다.

오래된 찻잔에 담긴 낭만

에디터 차의진

포토그래퍼 박은비

달아나는 시간을 멈춰 세우며

학림

혜화역을 나와 고개를 돌리니 동네 특유의 고즈넉한 분위기가 물씬
느껴지는 장면이 펼쳐진다. 평화로운 마로니에 공원과 그 옆에 선
빨간 벽돌 아르코 예술극장. 그곳에 두고 온 기억을 꺼내보며 걷자
얼마 지나지 않아 '학림'의 고풍스러운 창문이 나를 반긴다. 좁은
나무 계단의 삐걱거리는 소리를 환영 인사 삼아 오래된 커피숍의
문을 열었다. 나도 모르게 문밖에 현재를 두고 왔는지 눈앞에 펼쳐진
공간에서는 분명 과거가 흐른다. 옛날 다방 특유의 소파와 벽면을 가득
채운 예술가들의 흑백 사진, 중앙에 자리한 피아노, 오래된 스피커에서
흘러나오는 클래식 음악. 내부 계단으로 이어진 2층에 올라가 볼까
하다, 볕이 좋은 1층 창가에 자리를 잡았다. 젊은 손님들은 이곳이
붙잡아 둔 시간을 존중한다는 듯 책을 읽거나 공책에 무언가를 적어
내렸고, 중장년 손님들도 해사한 얼굴로 가게에 들어선다.
휴전이 얼마 지나지 않은 1956년 처음 문을 연 학림은 약 70년 동안
같은 자리를 지켰다. 음악·문학·미술계 예술인들이 이곳을 자주
찾기도 했는데, 학림은 동시대 예술가를 만나는 교류의 장이자 시상을
써 내리는 작업실도 되어주었단다. 얼굴 모르는 이들이 이곳에
머물렀을 시간을 굽어보다 대표 메뉴인 비엔나 커피와 크림
치즈케이크를 주문했다. 폭신한 크림 세 덩어리가 커피에 두둥실 뜨니
부드럽고 달콤하다. 새콤한 케이크로 스푼을 옮겨 가며 학림만의
시공간에 머무는 기분에 잠겨본다.
학림을 떠나기 전, 출입문에 새겨진 시인 황동일의 헌시를 읽었다.
그에게 학림은 "하루가 다르게 욕망의 옷을 / 갈아입는 세속을
굽어보며 / 우리에겐 아직 지키고 반추해야 할 / 어떤 것이 있노라고
묵묵히 속삭이는 / 저 홀로 고고한 섬 속의 왕국"이라고. 변치 않을
무언가가 이 세계의 어딘가에 존재한다는 사실은 얼마나 든든한가.
학림이 오래 사랑받은 이유도 여기에 있을 것이다.

과일 잼을 곁들여 먹는 치즈케이크와
비엔나 커피

이제는 계산대가 된 DJ 부스

A. 서울 종로구 대학로 119 2층
O. 매일 10:00-23:00

커피의 본래 얼굴을 마주하는 곳

터방내

동작구 흑석동. 중앙대학교로 향하는 골목 한구석에는 세월을 간직한
커피숍이 있다. 빨간 철문을 열면 발밑으로 좁은 계단이 펼쳐지는데
한 걸음씩 옮기니 금세 지하로 닿는다. 1983년부터 손님을 맞이한
이곳의 이름은 '터방내'. 내부는 좌석이 여러 개 놓인 메인 홀을, 작은
방 여섯 개가 빙 둘러싼 모습으로 어디서도 본 적 없는 구조. 주황색
조명이 테이블을 하나씩 비춰 어둑한 공간에 아늑함이 가득 찬다.
빨간 가스난로의 온기가 닿는 자리에 앉으니 주인장이 메뉴판을
가져다주었다. 카페 글로리아, 커피펀치, 카페 칼루아…. 커피도
이렇게 많은 변주가 가능했구나. 이름도 낯선 다양한 커피가 있는
이곳은 '사이폰 커피' 전문점이다. 사이폰 커피는 오늘날 카페에서
흔히 사용하는 커피 머신이 개발되기 전 대중화되었던 진공 커피 추출
포트를 사용해 만든다고.
가장 기본적인 브랜드 커피를 주문하자 주인장이 주방에서 호리병
모양 유리 용기를 가져왔다. 하단에는 물이, 상단에는 커피 가루가
담겼다. 곧이어 알코올램프에 불을 붙여 물을 끓이니 상하를 잇는
진공관으로 하단의 물이 전부 상단으로 옮겨 갔다. 커피 가루와 물이
닿으며 커피가 우러났고, 불을 끄자 비어 있던 하단 용기에 맑은 커피가
쏟아졌다. 처음 보는 신기한 광경에 눈이 휘둥그레지자, 주인장은 워낙
까다로운 기계를 다뤄야 하기 때문에 모든 커피는 자신의 손길을 거쳐
탄생한다고 일러주었다.
이색적인 방법으로 정성스럽게 내린 커피는 터방내의 자부심이다.
합리적인 가격과 훌륭한 맛 덕분에 중앙대 학생들과 교수들의 발길이
40년간 끊이지 않는다. 이곳을 자주 드나들며 추억을 내려두었을
이들을 내심 부러워하며, 다시 좁은 계단을 타고 가게를 나섰다.

사이폰 커피를 내리는 모습

벽면을 가득 채운 세월의 흔적

A. 서울 동작구 흑석로 101-7
O. 월-토요일 12:00-24:00, 일요일 휴무

달큰한 옛 정서에 잠기다

을지다방

'을지다방'은 다방 하면 떠오르는 한국적인 이미지를 고스란히 품은
곳이다. 오미자차, 라면, 인삼차 등 오늘날 카페에서는 찾아보기 힘든
메뉴는 이곳이 서양식 커피숍과는 거리가 먼 공간임을 짐작케 한다.
1985년부터 을지로를 오가는 손님들을 환대해 온 이 공간은 최근
몇 년 새 젊은이와 외국인들도 종종 찾는단다. 아마 벽면을 사진으로
가득 채운 유명 아이돌 덕분이겠지. 내가 을지다방에 들어선 날도
주인아주머니는 나 같은 사람들이 익숙하다는 듯, 자연스럽게 자리를
안내했다.

한국식 다방에 왔다면 쌍화차는 꼭 먹어봐야 하는 법. 어색하게
쌍화차를 주문하니 얼마 지나지 않아 진득한 한약 냄새를 풍기는
한 잔이 테이블 위에 올랐다. 달걀노른자가 동동 떠 있다. 어떻게
먹어야 하는지 주인아주머니께 묻자 달걀을 차에 적셔 겉만 살짝 익힌
다음 통째로 입에 넣으라는 설명이 돌아왔다. 똑같이 따라 해보는데
이런, 노른자가 터지고 말았다. 아주머니의 친근한 핀잔과 함께 삼킨
달걀노른자는 따끈했다. 대추와 잣이 듬뿍 들어 있어 씹는 맛도 좋았다.
쌍화차, 꽤 맛있는 음료였구나. 좀더 달달하게 먹고 싶다면 테이블마다
놓인 설탕을 넣으면 된단다.

옆 테이블에서는 어르신들이 담소를 나눴고, 중년 여성들이 옹기종기
모여 라면을 나눠 먹었다. 을지다방을 보면서 가게는 낯선 이에게
잘 보이려 애쓰기보다, 낯익은 방문자를 따뜻하게 맞아줄 때 저만의
자연스러움을 획득한다는 걸 알았다. 금색 벽시계와 옛날 달력이 잘
어울리는 이곳은 예상보다 빠르게 당신을 편안하게 만들어줄 것이다.

달걀노른자가 떠 있는 쌍화차

테이블마다 놓인 설탕 보관함

A. 서울 중구 을지로 124-1 2층
O. 월-토요일 06:00-21:00, 일요일 09:00-20:00

다방만의 네 가지 규칙

세 장소에 머물면서 옛날 다방만의 문법을 발견했다.
오늘날 카페에서는 찾아보기 어려운 공식들을 살펴보자.

1. 푹신한 레트로 소파

평소 카페를 찾으면 늘 의자가 아쉬웠다. 엉덩이가 닿는
부분이 너무 작거나 딱딱한 경우가 많았고, 단 한 잔의
시간만 머물게 하려는 운영자의 의도가 숨어 있다며
장난스레 의심하기도 했다. 하지만 다방은 푹신한 의자를
내어준다. 대체로 학림이나 을지다방처럼 사각형 형태의
소파가 많은 편. 터방내에서는 둥그런 의자에 몸을
깊숙하게 밀어 넣을 수 있었다. 엉덩이가 적당히 꺼지는
소파는 편안한 시간을 보장하는 고마운 물건이다.

2. 모두의 전화기

휴대전화가 보급되기 전 모두 '삐삐' 한 대씩 가지고 있던
무렵, 다방은 전화를 걸고 받는 장소기도 했다. 터방내에는
오래전부터 쓰던 공중 전화가 여전히 놓여 있는데, 손님을
찾는 전화가 걸려 오면 주인장이 소리 내어 "OO씨, 전화
왔어요!"라고 전해주었단다. 그럼 손님이 어서 달려와
수화기를 들었다고.

3. 가스렌지 위 주전자

과거 모습을 좀더 보존하는 몇몇 다방에서는 음료에
필요한 물을 직접 끓인다. 이때 카페에서는 보기 힘든
가스레인지와 주전자가 등장한다. 은색 주전자가
불 위에서 데워지는데 이 모습이 무척 낯설지만 정겹다.
방문했던 터방내에서는 커피를 마시고 갈증을 느끼는
손님들에게 주전자에 끓인 보리차를 내어준단다.
커피숍에서 보리차를 마실 수 있다니, 이색적인 풍경이다.

4. 아날로그 계산기

을지다방 같은 한국식 옛날 다방은 독특한 계산기를
활용하곤 한다. 네모난 홈 여러 개가 바둑판처럼 배열된
커다란 판이 바로 그것이다. 홈에는 테이블 좌석 번호가
적혀 있는데, 특정 가격을 뜻하는 색깔 조각을 넣어 합산
금액을 기록한다. 이 판은 일종의 '포스기' 같은 역할을
하는 셈. 주인아주머니는 손님이 가게를 떠나기 전
이 계산기를 근거로 후불 결제를 해줬다.

집 나가면 고생이라는 엄마의 말을 뒤로하고 당차게 독립을 선언했다. 내 물건만으로 가득한 방,
이곳이 안식처로구나! 그런데 밥은 계속 이렇게 간단히 먹어야 하나? 평생 간장계란밥만 해 먹을 수는
없는 노릇인데…. 배고픈 몸을 이끌고 장을 보러 가던 그때, 집주인 할머니를 만났다. 입주 선물이라며
작은 책을 건네는데, '도전! 초보 요리'? 이게 뭐냐고 물어보니, 할머니는 사라진 지 오래다.

도전! 초보 요리

글 차의진
일러스트 심규태

기초를 알려주마

초보들의 흔한 실수는 요리에 관한 기초적인 이해 없이 무턱대고 레시피를
따라 하는 것이다. 혼자서도 맛있는 한 끼를 차려 먹고 싶은 이들을 위해,
요리의 첫 단계부터 제대로 알려주마! 먼저 몸풀기 문제다. 식사 준비의
기본은 무엇일까? 위생? 그건 당연한 이야기고. 나는 안전 또 안전을
강조한다. 사실 부엌은 굉장히 위험한 장소다. 한쪽에서는 뜨거운 불
위에서 냄비가 보글거리고, 날카로운 연장이 도마 위를 달리는 곳이니까.
제대로 된 요리사는 도구 사용법에서부터 알아볼 수 있다. 명심하자.
다치지 않기! 요리는 건강하고 튼튼하게 먹고 살자고 하는 일이다.
가장 다치기 쉬운 도구는 바로 칼이다. 재료를 손질하다 잠시 한눈팔거나
허둥대면 피 보기 십상. 우리 숙련된 요리사들은 영광의 상처 하나쯤은
갖고 있지만. 뭐, 그렇다고 일부러 손을 벨 필요는 없지 않나? 칼 잡을
땐 손을 날 끝에 붙이고, 엄지와 검지를 제외한 세 손가락을 말아 쥐자.
초보자는 이때 검지를 칼등에 올리지 않기를 추천한다. 아직 도구 사용이
익숙하지 않은 이들은 손이 흔들려 위험할 수 있다. 검지를 칼등에 올려
잡을 때는 칼끝으로 아주 섬세하게 재료를 썰 때뿐이다. 엄지와 검지로
칼날과 손잡이 사이를 잡아야 안전하다.
사실 더 다치기 쉬운 쪽은 반대 손이다. 손끝을 날에 보이는 순간, 언제
다칠지 모른다. 늘 기억하자. 손톱을 숨겨라. 칼에게 보여줄 부분은 오직
손가락 둘째 마디뿐! 일정한 모양으로 자른다는 생각으로 천천히 손을
움직이자. 당신의 부엌에서 또각또각 재료 써는 소리가 경쾌하게 들릴
날도 머지않았다.

2장. 계량법

약간이 얼만큼이냐고?

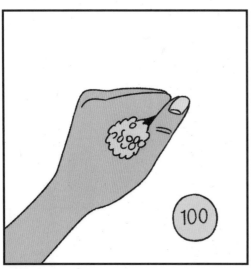

초보를 가장 당황하게 만드는 건 적당한 재료의 양이다. 너무 많이 조리하면 재료비가 아까울 뿐이고, 너무 적게 요리하면 만족스럽지 못한 식사가 되어버리고 만다. 감 없는 요리사여, '이 정도면 되겠지.'를 믿지 말라. 정확한 계량이 균형감 있는 맛과 포만감 있는 한 끼를 선사한다. 그런데 참 어려운 것은 인터넷 레시피에서 말하는 약간, 한 꼬집, 큰술과 작은술, 1인분이 대체 어느 정도인지를 모르겠다는 거다. 이렇게나 주관적인 단어가 요리라는 세계의 표준어로 사용된다는 사실에 의문을 품으며 고개를 갸우뚱거리고 있을 당신! 기초이자 필수인 계량법부터 알려주겠다.

흔히 말하는 '소금 약간' 또는 '소금 한 꼬집'은 검지와 엄지를 사용해 쉽게 알 수 있다. 검지 한 마디의 반 정도로만 소금을 꼬집은 것이 바로 약간이다. 그런데 사람마다 손 크기가 다르니 잡는 양이 다르지 않냐고? 그렇다. 그러니 내 입맛에 맞추어 적당한 약간의 양을 파악해 가는 것이 좋다. 참고로 한 큰술은 밥숟가락이, 작은술은 티스푼이 수북해지는 정도다. 원래는 계량스푼을 기준으로 하지만, 당신은 지금 '계량스푼이 뭔데?'라고 생각했다는 거 다 안다. 집에 있는 도구를 활용하자.

초보 요리사가 자주 해 먹는 음식은 분명 파스타일 것이다. 특히 가난한 자취생에게는 시판용 토마토 소스만큼 저렴하면서 든든한 친구도 없다. 신기하게 요리하고 나면 늘 면 양이 많거나 적다. 적당히 계량 하려면 백 원짜리 동전을 떠올려보자. 식사량이 보통 사람들과 비슷하다면 백 원짜리 동전만큼, 그것보다 많이 먹고 싶은 날엔 오백 원짜리만큼 움켜쥐자. 건장한 성인 남성은 후자를 기본으로 잡으면 된다.

간장 삼 형제, 정체를 밝혀라

이제는 요리의 달인이 된 나도 한때는 조미료를 잘 몰랐다. 책에서는
간장을 넣으라고 하는데, 마트에 가보니 종류는 왜 그렇게 많은지. 결국
아무거나 골랐다가 겉모습은 익숙하지만 맛은 정체불명인 요리가 탄생한
적도 한두 번이 아니다. 같은 실패를 겪지 않길 바라며 간장 삼 형제의
특징과 사용법을 일러둔다.

진간장은 말 그대로 진해서 진간장이다. 아주 오랫동안 발효해 만들었기
때문에 단맛이 깊고 짠맛은 상대적으로 적어서 오랫동안 가열하는 볶음
요리나 조림에 제격이다. 불고기나 갈비를 떠올려보자. 마냥 짜지만은
않고 달큰한 맛이 나지 않던가? 진간장을 쓴 덕분이다.

조선간장이라고도 부르는 국간장은 말 그대로 국에 사용한다.
(간장 삼 형제는 알고 보면 아주 직관적인 이름을 갖고 있다.) 색은 진간장보다
연하지만 짠맛이 어마어마해서 국에 조금만 넣어도 염도를 맞추기 좋다.
국간장이 없다고 국에 진간장을 넣으면 달콤하게 변해버리니 주의하자.
참, 모든 조미료는 조금씩 넣으면서 간을 맞출 것!

양조간장은 달콤한 맛과 풍미가 매력적이다. 하지만 열을 가하면 맛과
향이 떨어져서 불이 필요 없는 무침, 전을 찍어 먹는 소스에 쓰기 좋다.
모든 간장은 실온보다는 냉장 보관이 적합하다. 요리를 본격적으로
시작하고 싶은 이들은 간장과 더불어 고추장, 된장까지 꼭 구비해 놓자.
이 녀석들, 한식 요리의 주연 배우다.

냉장이냐 실온이냐

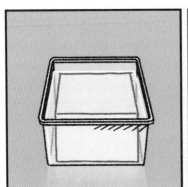 

재료의 질은 음식 맛을 결정하는 가장 중요한 요소다. 그만큼 각 식재료의 특성과 유통기한에 맞는 보관이 필수. 요리를 시작했다면 이제부터 부지런해져야만 한다. 냉장고 안을 자주 들여다보지 않으면 재료는 금세 상하거나 곰팡이로 뒤덮인다. 그렇다고 성실한 생활을 겁내지는 말자. 요리를 좋아하게 될수록 냉장고에 어떤 재료가 있는지 머릿속에 훤히 그려지고, 때에 맞춰 버리거나 새로 장을 보는 일도 자연스러워질 것이다. 두부는 찌개에 넣거나 달걀물을 묻혀 굽거나, 조림을 해도 언제든 맛있어서 구비해 두면 늘 유용하다. 하지만 두부 한 모는 1인 가구가 한 끼에 해결하기에는 많은 양인 데다 포장을 한 번 뜯으면 쉽게 상한다. 따라서 적절한 보관이 필요하다. 남은 두부는 포장재 속 충전수를 버리고, 밀폐용기에 담아 깨끗한 찬물에 잠기게 하여 냉장 보관을 한다. 소금을 한 숟갈 넣으면 좀더 오래 먹을 수 있다는 팁도 남겨둔다. 맛있는 두부, 오랫동안 안전하게 먹자.

감자 역시 어떤 방법으로 조리해도 맛있다. 간장에 졸이면 밥반찬으로도 좋고, 찌개에 넣어 호호 불어 먹는 재미도 있다. 야채처럼 냉장고에 들어가야 할 것 같지만, 감자의 안식처는 빛이 없는 서늘한 곳이다. 냉장 보관하면 당도가 높아져서 오히려 맛이 변한다. 4도 이하에서는 환경호르몬인 아크릴아마이드가 증가하고, 빛이 있는 곳에서는 독성을 생성한다. 나를 잘 먹이고 싶다면 재료도 세심하게 돌봐주길 바란다.

볶는 데도 순서가 있는 법

이쯤 되면 '에이, 그냥 다 사 먹는 게 낫겠어!' 싶기도 할 것이다. 요리는 생각보다 신경 쓸 부분이 많고 꽤 부지런해야 한다. 하지만 배달 음식이나 외식의 편리함을 뛰어넘는 충만함과 뿌듯함을 선사하는 것이 바로 집밥이다. 내가 먹을 밥을 내 손으로 지어 먹는 작은 성공을 매일 이룬다는 건 무척 귀한 일 아닌가. 게다가 요리는 몰랐던 세계를 끊임없이 탐험하게 한다. 새로운 식재료에 맞는 조리법을 실험하며 특성을 파악하고, 나의 취향을 좀더 깊이 알아가거나 확장하는 능동적인 과정이다.

이 즐거운 경험을 더 기쁘게 만들기 위해서는 조상님과 요리 선배들이 오랜 세월 연구하며 전수해 온 조리법을 준수해야 한다. 그중 하나로, 재료 볶는 순서를 소개한다. 간단한 규칙은 바로 이것이다. 익는 데 오래 걸리는 재료부터 볶기! 순서를 지키지 않으면 어떤 재료는 덜 익거나 너무 많이 익어서 먹지 못하게 될 수 있다. 대체로 육고기, 생선을 차례로 익히고 상대적으로 빠르게 익는 채소와 달걀 순서대로 볶으면 된다. 채소는 당근이나 감자처럼 단단한 것부터 볶아야 모든 요소가 고루 익는다.

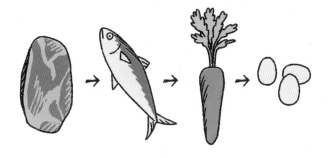

마트 앞에 서서 책을 빠르게 훑어봤다. 생각보다 요리는 쉽지 않지만, 먹는 것 이상의 즐거움을 줄 수도 있겠는걸? 기초를 정립하기 위해 애썼을 무수한 요리인들에게 고맙다. 냄비를 몽땅 태우거나 간 조절에 실패하거나, 덜 익히거나 상하게 만들며 인상도 찌푸리고 코도 틀어막았을 것이다. 동시에 "이 맛이야!" 하고 손뼉도 쳤을 테고, 완벽한 레시피를 발견해 기록도 했겠지. 분주하지만 짜릿하고, 실패가 있어서 성공도 있는 요리. 나도 도전해 보련다. 맛있고 건강한 집밥 생활을 꿈꾸며!

좋아하는 음식이 뭐예요?

세미콜론 '띵' 시리즈

낯선 사람들과 둘러앉았을 때, 곁에 있는 사람에 대해 알고 싶거나 가까워지고 싶을 때 우리는 음식을 묻는다. 좋아하는 음식이 무엇인지 알았다면 싫어하는 건 뭔지, 비 올 땐 어떤 음식이 떠오르는지 묻고 공통분모의 메뉴라도 나타난다면 마음의 거리를 금세 좁힌다. 꼬리를 물듯 '먹는 이야기'를 꺼내두며 웃거나 울고 때로는 얼굴을 붉히다가 뱃속에 '꼬르륵' 신호를 내고 마는 사람이라는 존재는, 먹고사는 일에 대한 숭고함을 누가 가르쳐주기 전에 이미 체득했는지도 모른다. 출판사 '세미콜론'은 하나의 요리를 지지대 삼아 한 사람의 삶을 말하는 에세이 시리즈 '띵'을 출간해 왔다. 잘 먹고 또 하루를 잘 살아낸 이야기가 지극히 타인의 것이라며 넘겨짚기엔 그 경험과 감정이 나와 아주 가까이에 놓여 있다. 그렇기에 몸뿐 아니라 마음이 허기진 날에는 더더욱 띵 시리즈의 문장들이 고프다. 이 글을 읽는 바로 지금, 당신의 배고픈 몸과 마음은 어떤 음식을 떠올렸는가? 딱 맞는 이야기가 띵 시리즈에 있을지도 모른다.

에디터 이명주   자료 제공 세미콜론

'띵' 소리 나는 음식과 우리네 삶이 만나서

민음사 출판그룹의 라이프스타일 브랜드 세미콜론은 요리를 비롯한 실용 분야와 다양한 삶의 면면을 담아내는 에세이를 펴낸다. 그중 '띵' 시리즈는 첫 번째 '조식' 편부터 스물여섯 번째 '돈가스' 편까지 음식을 소재로 펴낸 에세이로, 소소한 일상에서 의미를 발견하길 원하는 독자들한테 뭉근하게 사랑받고 있다. 띵 시리즈에서 음식은 개인의 취향과 삶의 모양을 드러내는 도구가 되고, 읽는 이의 공감을 끌어오는 상냥한 안내자가 된다. 아래는 현재까지 쓰인 띵 시리즈의 얼굴들. 세미콜론의 맛있는 이야기는 올해도 그리고 앞으로도 계속 들려온다고 하니, 어떤 메뉴를 먼저 골라볼까 마음이 들뜬다.

01

02

03

04

05

06

07

08

09

10

11

12

01. 조식 | 이다혜
02. 해장 음식 | 미깡
03. 그리너리 푸드 | 한은형
04. 프랑스식 자취 요리 | 이재호
05. 치즈 | 김민철

06. 고등어 | 고수리
07. 엄마 박완서의 부엌 | 호원숙
08. 훠궈 | 허윤선
09. 라면 | 윤이나
10. 평양냉면 | 배순탁

11. 용기의 맛 | 룬아
12. 병원의 밥 | 정의석

13

14

15

16

17

18

19

20

21

22

23

24

25

26

그 메뉴를 고른 이유를 물으신다면

음식으로 책 한 권을 거뜬히 채워낸 저자들이 답한다.

할머니와 엄마와 엄마가 된 나. 세 명의 '엄마'가 먹고 자란 바다 마을 밥상 이야기, 밥상을 두고 나눈 사랑의 이야기. 기억하지 못하는 나의 시간에 두 사람이 지어준 밥이 있었다는 걸, 나도 엄마가 되고서야 깨달았다. 조그만 입으로 밥 들어갈 때마다 배부른 마음은 전부 사랑이었다. 사는 일이랑 뻑적지근하고 어두컴컴했지만 동그랗게 둘러앉은 작은 상에서 우리는 짭짤한 바다 것들을 먹으며 웃고 울고 힘을 냈지. 그 시절을 담았다.
좋아하는 또 다른 '띵'은? 작가 하현의 '아이스크림' 편. 힘내라는 말조차 싫은 밤엔 아이들이 사둔 아이스크림을 몰래 꺼내 먹는다. 차갑고 무심하고 달콤하고 짧은, 그러나 깨끗한 위로를 먹고서 잠든다. 밤사이 엄마의 일탈이 미안해져 하굣길엔 아이들과 아이스크림을 사 먹으며 돌아오는 날들이 위로와 행복이다. 좋았던 것들이 하나씩 시시해져도, 우리가 나눠 먹은 사소한 행복은 사라지지 않을 거야.

―'고등어' 편의 저자 고수리

사실 나는 입도 짧고 못 먹는 것도 많다. 그래서인지 오히려 먹고 사는 이야기에 대해 할 말이 많았다. 매일 먹고 싶은 음식보다는 어렵게 좋아하는 마음에 대해 쓰고 싶었는데, 나한테는 '팥'이 딱 그랬지. 너무 좋아하지만 많이 먹기 힘들고, 그 잠깐의 행복을 누리기 위해 동반하는 수고스러움…. 먹기 어렵기에 더 맛있는 것. 그래서 보기만 해도 배부른 음식.
좋아하는 또 다른 '띵'은? 작가 윤이나의 '라면' 편. 나도 라면을 끝내주게 좋아하니까. 남이 끓인 라면이 맛있다는 말을 이해 못 한다는 문장이 있는데, 나는 남이 쓴 라면 '책'이 이만큼 맛있다는 걸 작가님 덕분에 알았다. 책을 펼치면 라면이 끓기 시작하고, 마지막 장을 닫으면 국물조차 남아 있지 않다.

―'팥' 편의 저자 임진아

향신료 냄새부터 소스 색감, 토르티야의 감촉, 첫입의 느낌까지…. 멕시칸 푸드와 관련된 모든 감각 속에는 타코 음식점에서 일하던 20대의 내가 있다. 처음부터 타코를 좋아하진 않았고 그곳에서 좋은 일만 있던 것도 아닌데. 음식에 대한 기억은 어느새 적절한 익힘 정도의 추억이 되어, 어떤 재료도 대체할 수 없는 특별한 맛의 킥이 됐다. 먹고산다는 건 일종의 성실한 기록 활동일지도 모르겠다.
좋아하는 또 다른 '띵'은? 작가 허윤선의 '훠궈' 편을 읽은 날, 한밤중에 빠르게 읽어 나가다가 얼마나 후회했는지 모른다. 이럴 수가, 낮에 읽을걸! 지금 열고 있는 훠궈집이 없잖아! 고통스러운 밤을 보냈다. 평소엔 훠궈의 '훠' 자도 떠올리지 않는 독자를 이렇게까지 안달 나게 만들다니….

―'멕시칸 푸드' 편의 저자 이수희

어릴 적부터 나는 닭과 떼려야 뗄 수 없는 사이였다. 부모님이 불참한 운동회 날마다 단란하게 모인 가족들을 바라보는 줄 알았겠지만, 실은 돗자리 한가운데를 차지한 양념치킨에 눈을 떼지 못했던 게 바로 나였다. 둘째가라면 서럽다며 참가한 '배달의민족' 제1회 치믈리에 자격시험에서 1등이라는 결과를 얻었고, 그때 받은 '띵' 시리즈 참여 제의는 운명이자 영광이었다.
좋아하는 또 다른 '띵'은? 작가 임진아의 '팥' 편. 일명 '팥사랑단' 집안에 소속된 까닭에 이따금 한 솥 가득한 찰밥을 마주하며 자라왔지만 그리 좋아하진 않는다고 생각했다. 맛깔스러운 설명이 더해진 호빵, 호두과자, 앙꼬절편까지. 나도 꽤나 좋아하고 있었다며 승복할 수밖에 없었다.

―'치킨' 편의 저자 김미정

내가 좋아하는 걸
함께 좋아하고 싶으니까

김지향
출판사 세미콜론 '띵' 시리즈
기획 및 편집자

책을 사이에 두고 인사 나누게 되었네요. 소개를 부탁합니다.

안녕하세요, 세미콜론에서 일하는 김지향이라고 합니다. 편집자로 근무한 지는 이제 만 17년이 되었네요. 주로 에세이 분야 책을 만들어왔고, 최근에는 요리 분야 실용서도 함께 작업하고 있어요. '띵' 시리즈를 처음 기획하고 론칭했고, 지금까지 여러 편집자들과 함께 만들어오고 있답니다.

띵 시리즈는 어떤 계기로 기획의 물꼬를 트게 됐나요?

출판 편집자의 주요 업무는 '편집'이기도 하지만 '기획'이기도 하죠. 그리고 모든 기획의 시작은 개인의 필요나 취향에서 비롯되기 마련이고요. 분량 면에서는 짧고, 형태 면에서는 아담한 에세이 시리즈를 만들겠다는 것은 저의 오랜 의지였어요. 그중에서도 '음식 에세이'를 작정하고 잘 만들어보고 싶었는데요. 그러기 위해선 정교한 콘셉팅이 필요했어요. 먹는 이야기를 하되 음식에만 한정 짓지 않고, 한 권의 책에는 하나의 음식이나 식재료 혹은 여러 음식을 하나로 아우르면서도 모두가 납득할 만한 주제를 정하기로 했죠. 예를 들면 '짜장면'이나 '고등어', '해장 음식'이나 '조식'처럼요. 여러 음식을 분식집 메뉴판처럼 늘어놓는 방식은 의식적으로 지양하고자 했어요.

이외에도 중요하게 생각한 기준이 있다면요?

먹고사는 일은 지난한 동시에 숭고해요. 매일 챙겨 먹어야 하는 끼니는 번거롭지만 입으로 음식이 들어갈 땐 기쁨을 느끼죠. 잘 먹는 것은 우리에게 단순히 배를 채우는 행위 이상으로 삶의 커다란 행복이 되었어요. 그렇기 때문에 각자 선정한 주제에는 기본적으로 애정이 바탕에 깔려 있어야 해요. 우리는 좋아하는 것을 이야기할 때 더욱 할 말이 많아지니까요. "내가 좋아하는 것을 함께 좋아하고 싶은 마음"이라는 캐치프레이즈가 저절로 따라붙었죠.

우리 삶에서 먹고 마시는 행위가 어떤 의미까지 껴안는지, 글쓴이보다도 편집자님이 먼저 생각을 거듭해 보셨을 것 같아요.

따뜻한 국밥 한 그릇으로 마음의 허기를 달래고, 쨍하게 시원한 냉면 국물 한 모금으로 가슴에 맺힌 화를 식히고, 입안이 얼얼하도록 매콤한 음식 한 젓가락에 지옥의 문턱을 밟았다가, 다디단 디저트를 한 입 베어 물고 금세 천국을 경험하기도 하는 우리들이잖아요. 이금희 아나운서님이 〈유 퀴즈 온 더 블럭〉에서 한 말씀이 떠오르는데요. "인생은 너무나 남루한 것이어서 가끔 좋아하는 사람들과 맛있는 음식을 먹으며 괜찮은 대화를 나누는 순간이 없다면 우리는 견딜 수 없다." 정말 맞는 말이잖아요. 썩 괜찮은 식사를 하는 행위는 인간이 할 수 있는 최고의 상호작용 수단이자 자기 자신을 돌보는 멋진 방법이라고 생각해요. 서먹한 사이가 밥을 먹으며 친해지기도 하고, 때론 진솔한 이야기도 흘러나오고요. 음식은 우리 생활에서 굉장히 많은 '매개'가 되어주고 있어요.

전면에 음식이 드러나지만 글의 중심에는 삶이 있다고 생각했는데 음식을 '매개'로 바라봤기 때문인가 봐요.

맞아요. 그저 맛있는 음식이나 맛집 소개가 아닌, 개인의 취향과 라이프스타일 그리고 삶의 태도까지 담아내고 싶었어요. 저자에게 집필을 의뢰할 때 꼭 "음식은 소재일 뿐 삶의 이야기를 들려주세요."라고 말씀드려요. 특정 음식을 다룬 전문 도서가 아닐뿐더러 그 음식에 대한 개인적인 호불호에 따라 접근성에도 제한이 있을 테니까요. 읽는 이가 그 음식에 관심이 없거나 또는 싫어하더라도 충분히 공감을 이끌어낼 만한 글이어야 한다고 늘 생각해요.

'띵'이라는 이름이 재밌게 들려요. 음식을 다 데운 전자레인지가 "띵!" 하고 울리는 것 같거든요.

살면서 때때로 '띵'하는 순간을 마주하잖아요. 머리가 '띵' 하고, 뱃속이 '띵' 하고, 그 무엇보다 마음이 '띵' 하는, 바로 그때! 온몸을 찌르르 통과하는 기쁘고 노엽고 슬프고 즐거운 삶의 장면마다 우리는 음식과 함께해 왔어요. 그 음식을 말하는 직관적인 단어들 대신 간결하면서 산뜻하게, 어떻게 보면 조금 엉뚱하게 다가갈 이름을 오랫동안 고민했죠. 막상 정하고 보니 음식을 데우거나 조리하는 전자레인지 혹은 오븐, 에어프라이어가 다 되었을 때도 '띵' 하는 소리가 나더라고요.

딱 맞아떨어지는 느낌이 들었죠. 무엇보다 기억하기
좋고요(웃음).

**필진을 섭외하고 소재와 연결하는 과정에서 기억에 남는
에피소드가 있을까요?**
평소 좋아하던 김민철 작가님께 띵 시리즈를 제안하고
싶은데, 어떤 음식을 좋아하시는지 정보가 없었어요.
그래서 인스타그램을 처음부터 끝까지 샅샅이 살펴봤죠.
간신히 '냉우동'을 좋아한다는 실마리를 찾아내서
연락드렸더니, 많이 주저하셨어요. 고민 끝에 '치즈'를
좀더 좋아하는 것 같다고 답하셨지만 쓸 이야기가
많을지는 모르겠다고 하시더라고요. 그런데, 막상 목차를
떠올려보니 어린 시절부터 여러 에피소드가 자연스럽게
소환되었다고 하는 거예요. 자신도 모르는 사이에
마음속에 품고 있던 음식이 무엇인지 스스로 돌이켜보는
과정을 지켜보는 건 퍽 흥미로웠어요. 많은 작가님들이
"저는 이 음식을 좋아하는 편인데, 이걸로 한 권의 책이
될까요?" 하고 의아해하다가도 오히려 할 말이 넘쳐서
이 작은 책에 모두 담을 수 있을지를 걱정하게 된답니다.
스스로 알고 있던 것보다 큰 나의 마음을 마주하는 순간은
작가 개개인에게도 반갑게 다가왔던 것 같아요. 나조차
잊고 있었던 나의 취향을 선명하게 발견하는 기쁨이 띵
시리즈에 있나 봐요.

**에세이 장르이기에 자신에 대해 곱씹어 보면서 새로운
발견이 가능한 걸지도 모르겠어요. 에세이의 매력이
무어라 생각하세요?**
참 매력적인 장르죠. 한 권을 다 읽으면 마치 친구 한 명
사귄 것처럼 든든하잖아요. 에세이에선 작가 스스로
다치지 않는 선에서 최대한 많은 것을 꺼내놓아야 한다고
생각해요. 한 사람만의 고유한 서사와 생각이 오롯이 담겨
있으니까요. 때로는 조금 상처도 날 수 있겠지만, 글로
풀어내는 과정에서의 치유 과정이 있을 테니 내밀하면
내밀할수록 좋은 글 같아요. 다만, 그 내면의 이야기를
자신 안에 고여 있게 두지 않고 많은 독자와 호흡하고
공감할 수 있도록 분명하고 또렷한 언어를 사용해야겠죠.

**모든 시리즈에 애정이 머무르겠지만, 새해에 유독
떠오르는 책이 있을까요?**
단연 '엄마 박완서의 부엌' 편이에요. 이 책이 출간된
2021년 1월 22일은 소설가 박완서 선생님의 타계
10주기였어요. 아치울 노란집에서 소담하게 진행되던
기제삿날마다 문인들과 출판사 관계자들이 모여 앉아
있던 풍경이 아직 제겐 선명해요. 박완서 선생님의 소설이
꾸준히 새로운 모습으로 출간되고 그간의 추억을 에세이로

펴낼 수 있었던 건 모두 맏딸 호원숙 선생님의 사랑과
헌신 덕분이지요. 요즘 유독 마음이 어지럽고 혼란한
시절이잖아요. 그럴 때마다 우리에게 참 괜찮은 '어른'이
있었으면 좋겠다고 생각하는데요. 박완서 선생님을
떠올리면 세상에 계시지 않아도 계신 것처럼 마음이
환해요.

**저도 그 책을 참 좋아해요. 문득 궁금한 게 떠올랐어요.
만약 편집자님이 '띵'을 쓴다면 어떤 메뉴를 고르실
거예요?**
이 질문을 들으니, 좋아하는 음식 한 가지를 골라주시는
작가님들이 새삼 너무 대단하게 느껴지네요. 저는 가리는
음식도 없고 좋아하는 음식은 많은데요. 한때는 '짬뽕'을
너무 좋아해서 전국을 다닌 적도 있고, 냉동실에 '티코'가
떨어지지 않게 쟁여두던 시절도 있어요. 자그마한 바닐라
아이스크림에 초코 코팅이 되어 있는 티코를 아세요(웃음)?
'다크초코' 아니고 반드시 '밀크초코'여야 해요. 딱딱하게
얼어 있는 초코 코팅이 입안에 들어와 녹으면서
달콤한 바닐라 아이스크림과 어우러지면, 마음이 절로
무장해제되는 것 같아요. 코르티솔 호르몬과 칼로리의
대환장 파티라고나 할까요?

**덕분에 맛있는 상상을 했네요(웃음). 마지막으로 띵
시리즈가 독자들의 하루 중 어떤 순간에 닿길 바라세요?**
손만 뻗으면 언제나 그 자리에 있었으면 좋겠어요. 식탁
언저리나 침대 머리맡에서 언제든지 손에 쥐고 읽을 수
있는, 어떤 책 어떤 페이지를 펼쳐도 공감 포인트가 있는,
우리 일상에 기대어 있는 평범한 이야기 가운데 빛나는
조각 같은 순간들로 다가가길 바라요. 매일 자주 쓰는
손때 묻은 소지품 같았으면 좋겠어요. 내 주변에 언제나
함께하는 친구 같은 편안한 이야기들이니까요. 앞으로도
'구내식당'을 비롯해 '과일', '생강', '콩', '과자', '맥주' 등
맛있는 이야기를 더 많이 들려드릴 테니 기대해 주세요!

©아티스트 포롱비

거기 하면 그 메뉴, 그 메뉴 하면 거기. 한 가지 디저트에만 집중하며
서울에서 독보적인 입지를 굳혀가는 디저트 숍 네 곳이 있다. 혀끝에
새겨진 고유한 맛과 모양은 나만의 필체로 적은 서명처럼 진한 인상이다.

하나로도 충분해요

에디터 차의진

포토그래퍼 박은비

마카롱, 한 입의 우아함

미완성식탁

다채로운 색과 맛으로 눈과 입을 즐겁게 만드는 마카롱은 특유의 달콤함으로 언제나 은근한 미소를 불러일으킨다. 프랑스에서 출발한 이 매력적인 한 알은, 마음을 전하는 선물 또는 오후의 간식으로 한국에서도 대중적인 디저트가 되었다. '미완성식탁'은 마카롱 전문 숍으로, 문을 연 지 올해로 10년을 맞았다. 망원에서 안국으로, 터를 달리하는 긴 세월 동안 많은 이들에게 작고 동그란 행복을 안겨주었다.

미완성식탁은 사계를 담는 마음으로 꼬끄를 굽고 속을 채운다. 제철 재료의 맛을 마카롱으로 표현할 방법을 고민하고 미각으로 계절의 또렷한 변화를 느끼도록 돕는다. 이들이 가장 잘 해내는 일은, 익숙하지만 디저트에는 흔히 쓰이지 않는 식재료로 색다른 맛을 구현하는 것. 예를 들어 고소한 풍미가 돋보이는 참기름은 미완성식탁에서 가장 사랑받는 메뉴다. 독특한 맛만 소개하는 건 아니다. 딸기 라떼, 모카 자바칩처럼 친숙한 맛도 이곳만의 감각으로 풀어낸다.

과거 다양한 디저트를 판매한 경험이 있는 최창희 대표가 마카롱만 선보이게 된 이유는 최고의 맛을 위해 가장 치열하게 노력하고 고민한 메뉴가 바로 마카롱이었기 때문이라고. 그는 거듭된 실패가 오기를 낳더니, 이제는 한국에서 가장 뛰어난 맛을 선물하겠다는 목표에 이르렀다고 말한다.

"마카롱의 매력은 한 알이 주는 감동이에요. 큰 덩어리가 아닌 작은 한 입으로도 우아하고 기분 좋은 하루를 만들 수 있어요." 정통에서 크게 벗어나지 않되, 한국인에게 익숙한 재료를 변주하는 미완성식탁의 달콤한 도전은 계속된다.

마카롱, 좀더 맛있게

1. "커피가 아닌 따끈한 차와 함께 드세요. 단맛이 강한 과자는 커피를 오히려 쓰게 만들어요. 향이 강하지 않은 차를 곁들이면 메뉴의 맛을 더 확실하고 감동적으로 느낄 수 있어요."

2. "차가 없다면 따뜻한 물도 좋아요. 입안이 따뜻하면 초콜릿이 더 쉽게 녹기 때문에 맛이 진하고 우아하게 다가온답니다."

3. "술과 함께하면 색다른 맛을 느낄 수 있어요. 사실 어떻게 먹어도 정답이니, 손님들이 마카롱을 자유롭게 드시길 바라요. 다만 칼로리가 높으니 한 번에 많이 먹지 않는 게 좋습니다."

A. 서울 종로구 북촌로1길 30-11 지하1층
O. 화-토요일 11:00-19:00, 일요일 11:00-18:00, 월요일 휴무

베녜, 이런 도넛 봤나요

뉴이베리아

효창공원앞역 부근 자리한 '뉴이베리아'의 문을 열면 미국 남부의 한 카페에 온 듯한 착각이 든다. 나무로 된 벽과 천장, 높은 층고, 벽에 걸린 사슴뿔을 비롯한 소품들이 이국적인 분위기를 자아내는 덕분. 가게 한쪽에서는 초록빛 눈 주인장이 '베녜'를 튀기고 있다. 한국에서는 생소한 이 음식은 겉은 바삭하고 속은 부드러운 튀김 도넛인데, 프랑스에서 출발해 미국 루이지애나로 전해져 그곳의 대표적인 디저트로 자리 잡았다. 베녜는 눈처럼 쌓인 슈가파우더가 특징이다. 바삭한 반죽에 달콤함이 더해지니 군침을 자극할 수밖에.

주인장은 루이지애나 남부의 뉴이베리아New Iberia에서 나고 자랐다. 뉴이베리아는 빨간 타바스코 소스의 생산지로도 잘 알려져 있다. 주인장은 어린 시절부터 즐겨 먹은 베녜의 맛을 더 많은 사람들에게 알리고 싶어 지난해 가게 문을 열었다고. 초기부터 많은 손님을 모으며 베녜 하면 떠오르는 곳으로 자리 잡아가고 있다. "한국에서 경험하기 어려운 독특한 문화를 경험할 수 있는 가게가 되고 싶어요. 세계 반대편으로 여행을 떠나지 않아도 루이지애나 문화의 매력을 느낄 수 있도록 도울 거예요." 단순히 이국적인 메뉴로 한국인들의 관심을 자극하기보다, 2019년부터 개발한 레시피와 루이지애나를 그대로 옮긴 가게 분위기로 전통적이고 진정성 있는 카페를 만들기 위해 애썼단다.

베녜는 이곳의 시그니처 음료인 치커리 팟 커피와 함께 맛보길 추천한다. 과거 루이지애나 남부에서는 커피가 매우 비싸서 구운 치커리 가루를 커피와 섞어 마시는 문화가 뿌리내렸다. 뉴이베리아는 전통을 그대로 빌려, 치커리 커피를 작은 주전자에 담아 손님들에게 독특한 맛을 소개한다. 서울 안에서도 이국적인 즐거움을 찾는다면 뉴이베리아로 발걸음을 옮겨보자.

베녜, 좀더 맛있게

1. "주문과 동시에 만들어지는 베녜는 매장에서 먹을 때 가장 맛있어요. 포장 주문도 가능하지만, 튀김 요리는 갓 만든 게 제일인 법이잖아요. 음악과 인테리어 덕분에 루이지애나에 온 듯한 기분도 경험할 수 있을 거예요."

2. "반죽은 아침이 가장 신선해요. 치커리 팟 커피는 오전 10시부터 오후 2시까지만 내어드리고 있고요. 두 가지를 함께 즐기고 싶다면 오전에 카페를 찾아주세요."

3. "베녜는 손으로 먹는 음식이에요. 슈가파우더가 듬뿍 뿌려져 있어서 여기저기 지저분해지기도 해요. 우리 카페에서는 설탕이 바닥에 떨어져도 걱정 말고 마음껏 베녜를 즐기세요."

A. 서울 용산구 백범로 330
O. 수-월요일 10:00-19:00, 화요일 휴무

짜이, 짙은 향의 시간

높은산

인도에서는 커다란 냄비 속 옅은 갈색 음료가 보글거리며
끓는 모습을 쉽게 찾아볼 수 있다. 홍차와 우유, 다양한
향신료를 넣고 끓인 이것은 인도식 밀크티라고도 불리는
'짜이'. 성수동의 깊은 구석에 자리한 카페, '높은산'에서도
짜이 내음이 짙게 퍼진다. 이곳을 4년째 꾸려온 김새솜
대표는 향신료를 가까이하는 생활을 누리고 싶다는
마음에 짜이를 즐겨 마시고, 더 많은 이들에게도 즐거움을
전하고자 가게 문을 열었다.
"재료를 준비하고 다듬고 끓이는 과정을 지켜보는 것
자체가 명상 같아요. 달그락거리며 도구가 부딪치는 소리,
우유가 파르르 끓어오르는 소리, 향신료의 향 그리고 몸을
따듯하게 해주는 맛까지 오감을 만족하게 하는 매력이
있죠." 높은산 내부는 열린 주방이 중앙에 자리해 차를
끓이는 과정을 지켜볼 수 있다. 김새솜 대표는 한국에서는
아직 낯설고 어색한 음료가 커피만큼 친숙한 존재로 자리
잡길 바라는 마음으로 차를 끓인다.
일반적으로 짜이를 선보이는 카페는 많은 향신료를
사용해 매운 향미만을 강조한 경우가 많다고. 하지만
높은산은 향신료를 넣지 않거나 맵지 않고 부드러운 맛,
달지 않은 맛 등을 고루 선보이며 차를 폭넓게 경험하도록
돕는다. 실제로 짜이는 문화와 지역에 따라 다양한 형태가
존재하기 때문이다. 입체적인 맛을 선물하는 높은산에서는
짜이를 향한 진정성이 비친다. 팔각을 올린 마살라 짜이는
시나몬, 정향, 카더멈 향을 깊이 머금었다.
차와 곁들이기 좋은 디저트도 만날 수 있다. 향신료 맛이
돋보이는 기다란 과자 비스코티는 그중 하나. 색다른
디저트로 취향을 넓혀보고 싶다면 언제든 높은산을 찾아도
좋다. 문 앞부터 진한 짜이 향이 코끝을 스치며 당신을
반길 것이다.

짜이, 좀더 맛있게

1. "뜨거운 짜이를 먼저 맛보세요."

2. "짜이를 마신 후 코로 숨을 크게 쉬면 향이 더
   풍부해집니다."

3. "비스코티를 짜이에 살짝 적셔서 먹어보세요. 딱딱한
   비스코티가 부드러워지면서 음료 향을 머금어요."

A. 서울 성동구 성수이로 18-1
O. 월·화·목·주말 10:00-18:00, 금요일 10:00-22:00, 수요일 휴무

국화빵, 익숙함을 새롭게

연희동국화빵

날씨가 쌀쌀해지면 어김없이 발길이 향하는 곳이 있다.
연희동에 자리한 작은 간식 가게, '연희동국화빵'이다.
이정수 대표가 가게 안에서 커다란 틀에 반죽을 부어 빵을
직접 만들고 종이봉투에 담아 주면, 바깥의 손님이 품에
안아 가는 방식. 이 대표의 표현으로는 "국내 최초 뚜벅이
스루 판매점"이다. 포장마차로 시작해 연희동에서 꼭
먹어봐야 할 디저트로 주목받은 지도 벌써 3년째다.
이곳의 국화빵은 속이 특별하다. 팥이나 슈크림을 넘어
초코나무숲, 얼그레이, 펌킨 시나몬 등의 다양한 필링을
반죽에 채우는데, 매주 다른 메뉴를 선보여 손님들의
기대감을 끌어올린다. 이정수 대표는 이미 거리에 많은
붕어빵 대신, 흔치 않은 메뉴로 마음을 끌고 싶었단다.
그래서 선택한 것이 국화빵이었다. 흔히 '풀빵'이라고
불리는 종류의 간식은 웬일인지 드물었는데, 그에게는
기회처럼 느껴졌다고. 가게를 시작하기 전 디저트 숍에서
4년간 일하며 메뉴 개발을 한 경험이 다양한 맛을 만드는
자산이 되어주었다.
메뉴를 개발할 때 고려하는 기준은 세 가지다. 트렌드,
이 대표의 개인적인 기호, 대중성. 트렌드를 살피며
사람들이 좋아할 것 같은 맛을 고르되, 이 대표와 손님들
입맛을 모두 충족해야 한다. "우리나라에서 저만 생각해
낼 수 있는, 그리고 저만 만들 수 있는 특별한 메뉴가
연희동국화빵만의 차별점이라고 생각해요. 그래서 날이
서늘해질 때마다 손님들이 감사하게도 찾아주시는 것
같아요." 한 손에는 묵직한 종이봉투를, 한 손에는 김 폴폴
나는 국화빵을 들고 연희동을 거닐어 볼까. 입안 가득
퍼지는 행복에 몸과 마음 모두 따끈해진다.

국화빵, 좀더 맛있게

1. "국화빵은 갓 나왔을 때 빨리 먹는 게 제일 맛있어요."

2. "대량으로 사 갈 때는 냉동 보관을 추천해요. 더 오래
   보관할 수도 있죠."

3. "냉동된 국화빵은 에어프라이어에 180도로 3-4분
   정도 돌려 먹으면 바삭하고 따뜻해요."

A. 서울 서대문구 연희맛로 17-21
O. 수-금요일 12:00-19:00, 토-일요일 13:00-18:00, 월-화요일 휴무

백 편의 영화, 백 개의 샌드위치

에디터 **이명주**   자료 제공 **샌드위치 프레스**

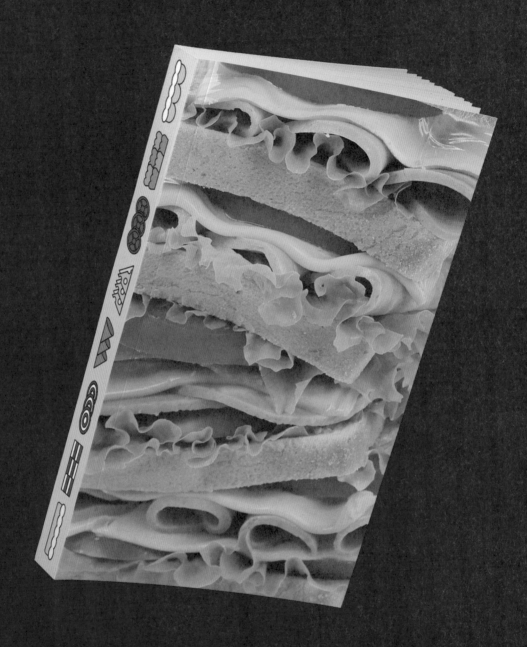

Sandwich
Press

그 음식을 너무나 사랑한 나머지, 백 편의 영화에서
백 개의 샌드위치를 모아 묶은 그 귀여운 집요함에 대해.

서로 다른 재료가 이루는
궁극의 맛처럼

어느 날, 즐겨 찾던 독립 서점을 거닐다 책 하나를 발견했다. 제목이나 저자 이름 대신 빵과 햄, 치즈와 토마토를 겹겹이 쌓아둔 표지의 책이었다. 그간 샌드위치 패스트푸드점에서 5년간 일하며 수많은 샌드위치를 목격한 나는 '훗, 어디 한번 볼까?' 하며 자신만만한 얼굴로 책을 집어 들었다. 첫 페이지의 첫 문장은 이러했다. "본 도감은 영화에서 볼 수 있는 샌드위치 장면을 수집한 책으로, 1980년대부터 2020년대 초반 사이의 해외 영화 100편에서 샌드위치가 등장하는 장면과 해당 장면에 얽힌 서사를 기록했다." 이어서 햄치즈 샌드위치와 피넛버터 샌드위치, 타마고 고로케나 달걀프라이를 넣은 샌드위치, 심지어는 뭉개진 것이나 곰팡이가 핀 샌드위치까지(먹으면 안 되잖아!), 어딜 넘겨봐도 전부 '그 메뉴'뿐이었다. 나는 저자의 집요함에 놀라며 순순히 패배를 인정했다.

이 책을 만든 샌드위치 프레스는 1인 출판사이자 디자인 스튜디오로 시각 디자이너 주혜린이 이끈다. 그의 말을 빌리면 "빵 사이의 재료들이 힘을 모아 궁극의 맛을 자아내는 샌드위치처럼 신선하고도 유쾌한 작업을 쌓아가길" 바라며 지은 이름이다. 샌드위치 외에도 푸딩이나 까눌레 등 본인이 너무나 사랑하던 음식들을 분석하고, 자료를 수집하며, 자신만의 방식으로 기록하는 책을 만들었다. '내가 무얼 원하는지'를 먼저 떠올렸다면 그다음에는 '내가 무얼 잘하는지'를 찾아 작업에 자신감을 붙였다고.

"이 음식이 가진 맛을 표현하고 싶었어요. '맛있음' 자체로 귀결되는 게 아니라 음식이 가진 역사나 발달 과정을 톺아보면서 이 음식이 어떻게 내 입에 닿게 되었는지를 알아가는 여정에서도 그만의 맛을 느낄 수 있다고 생각하거든요."

지극히 개인적인 이야기도 자신 있게 풀어낼 수 있고, 그 과정들을 정제된 형태로 엮지 않아도 된다는 것이 독립 출판의 묘미. 《영화 속 샌드위치 도감》을 비롯해 《푸딩의 세계》, 《이거 먹을래 까눌레》는 앞면에 제목과 이름 대신 메뉴 사진만 크게 채워넣었다. 독자가 책을 집어 드는 순간부터 책에 대해 자유로이 해석하길 바랐기 때문이다. 애정 넘치는 대상을 대하는 그의 '귀여운 집요함'을 본 독자들은 각자만의 '좋아하고 맛있는 세계'로 자유로이 떠난다.

샌드위치 프레스가 쓴
애정의 기록

《영화 속 샌드위치 도감》
개정판, 2024, 224페이지

(78)
반쪽만
먹은
스테이크
샌드위치

올랜도 외곽의 모텔촌, 무니(브루클린 프린스)는 엄마 핼리(브리아 비나이티)와 함께 '매직 캐슬'이라는 이름의 모텔에서 살고 있다. 이곳에 사는 무니는 또래의 스쿠티(크리스토퍼 리베라)가 있는데, 핼리는 무니와 스쿠티를 돌보며 지낸다. 핼리의 친구이자 스쿠티의 엄마인 애슐리(멜라 머더)는 근처 식당에서 일이라도 하는데, 핼리는 번번이 구직에 실패해 정부 보조금마저 받지 못하는 어려운 생활을 하고 있다. 무니와 스쿠티는 이웃 모텔인 '퓨처 랜드'에 이사 온 젠시(발레리아 코토)를 만나게 되고, 셋은 곧 말썽꾸러기 삼총사가 되어 함께 뛰논다. 하루는 근처 폐가인 콘도에서 불장난을 한다. 스쿠티의 실수로 큰불이 나게 된다. 이 사실을 안 애슐리는 스쿠티에게 무니와 어울리지 않게끔 주의를 준다. 핼리는 무니를 핼리하는 모자의 태도에 기분이 상해, 무니와 함께 애슐리가 일하는 식당으로 가 이것저것 주문하며 은근한 난동을 부린다. 테이블에는 딸기시럽이 왕창 들어간 와플부터 샌드위치까지, 먹다 남은 음식들이 엉망으로 널려있다.

※플로리다 프로젝트 (2017)
The Florida Project

103

격전을 벌이고, 배트맨의 펌블러는 조커가 쓴 바주카포에 맞아 구동을 멈추며 물류 터미널에서 일하는 노동자 무리 앞에 가 멈춘다. 펌블러는 배트포드로 비상 사출되기 위해 굉음을 내는데, 샌드위치를 먹고 있던 한 노동자가 이를 멍하니 바라본다.

090

(48)
노동자의
샌드위치

이 책이 세상에 나오기 전, 주혜린 디자이너는 대학원 수업에서 '자기만의 방Wunderkammer'을 만들어 보라는 과제를 받았다. 자신의 방을 꾸미며 누군가를 초대했을 때, 그곳이 마치 작은 박물관처럼 느껴지도록 책을 만드는 수업이었다. 평소 곁에 두고 자주 들여다보는 것이어야 방을 채울 만큼 풀어낼 수 있을 거라 생각한 그가 떠올린 건 '샌드위치'. 분주한 생활 속에서의 끼니는 어제는 연어 바나나 베이글 샌드위치, 오늘은 에그마요 샌드위치, 내일은 칠리 비프 샌드위치처럼 간단한 메뉴였기 때문이다. 거기에 본인의 또 다른 애정을 하나 더했다. 바로 영화. 'N차' 관람을 즐기고 씨네 페미니즘 매거진 《세컨드》의 디자이너이기도 한 그는 '영화 속에서 등장하는 샌드위치 모습 100개 찾기'를 목표로 세우고 하나씩 손수 모아갔다. 온갖 사이트에 샌드위치가 등장하는 영화를 검색해 1차 리스트를 만들고, 합법적인 방법으로 모든 영화를 다운받아 처음부터 끝까지 관람하며 장면들을 찾아냈다. 더불어 논란의 여지가 다분한 감독의 작품과 사회적 약자나 소수자에 대해 존중이 부족한 작품은 최대한 솎아냈다. 모래사장에서 바늘 찾는 듯한 과정 때문에 《세컨드》 동료들을 비롯해 주변 친구들 도움도 많이 받았다. (때로는 "이 영화에서 샌드위치를 봤어!"라는 친구의 제보로 같은 영화를 다 함께 세 번이나 돌려봤지만 나오지 않은 적도 있다. 하지만 그 추억을 후회한 적은 없다고.)

초판에는 70편만 수록했으나 2024년에는 30편을 마저 모아 100편의 영화, 100편의 샌드위치를 담은 개정판을 출간했다. 〈해리가 샐리를 만났을 때〉(1989)에서 '해리'와 '샐리'가 마주 앉아 먹던 파스트라미 샌드위치, 〈해리 포터와 마법사의 돌〉(2001)에서 '론'이 챙겨 온 소금에 절인 소고기 샌드위치 등 꾸준히 사랑받는 영화에서 반가움을 느끼는 한편, 〈더 스퀘어〉(2018)에서 노숙인이 거부한 양파를 빼지 않은 샌드위치처럼 음식 소품의 역할과 기능까지 유추해 보는 재미도 있다. 물론, 아까도 말했지만 〈꾸러기 클럽〉(1994)에서의 고양이 화장실용 모래 샌드위치처럼, 전부 먹을 수 있는 건 아니다!

〈라이스보이 슬립스Riceboy Sleeps〉(2022)

샌드위치 프레스가 꼽은 한 입,
그리고 한 장면

"캐나다에서 살고 있는 소영은 공장에서 일하며 홀로 아들을 키우고 있다. 모든 것이
서툴고 어색하지만 기운 내며 굳세게 버티는 중이다. 소영은 우연히 공장에서 한국인
미선을 만나게 되고, 서로 손을 꼭 잡은 채 반가워한다. 마침 점심시간이라 둘은 함께
식사하는데, 미선의 도시락에는 흰쌀밥과 젓갈 등의 반찬이 있는 반면, 소영의 도시락은
샌드위치와 과일이 전부다. 자신의 밥을 같이 먹자는 미선의 말에 젓갈을 한 입 먹는 소영.
오랜만이라 맛있다고는 말하지만 곧바로 자신의 샌드위치를 베어 문다. 이곳에서의 삶을
위해서는 약해지면 안 된다는 듯이."

푸딩에도 지극한 애정을 전한 주혜린 디자이너지만, 그
이유가 앞선 것과는 사뭇 다르다. 맛보다는 모양, 탱탱한
겉모습이 생각보다 단단하게 느껴지는데 숟가락으로 푹
뜨면 말캉하게 올라오는 바로 그 모양이기 때문. 쉽게
무너지지도 않고, 마지막 한 입까지 제법 굳건한 모양을
보니 '이게 바로 외강내유의 시각화'라고 생각하며
빠져들었다. 유명하다는 푸딩 가게를 찾아가고 편도
두 시간 이상의 먼 곳에서 택배로 주문해 먹다가, 급기야
만들어 먹기까지 했다는 그. (하지만 푸딩은 예민한 불 조절이
필요한 디저트라, 꼭 달걀찜 비스무리한 형태가 되어버렸다고.) 푸딩의
기원이 소시지라는 걸 아는가? 《푸딩의 세계》에서는
그 역사를 비롯해 시판되고 있는 푸딩의 모습을 표현한
스무 가지 일러스트, 지금까지 콘텐츠에서 다뤄지는 모습
등을 정리해 한 음식의 주변을 조망했다.

《이거 먹을래 까눌레》는 푸딩의 말캉함에 지루함을 느낀
뒤 선택한 까눌레를 위한 책이다. 럼 향이 훅 풍기면서도
쫀득하고 바삭한 식감에 완전히 매료되어 집에서도
곧잘 만들었기에, 다른 책들보다 만드는 과정과 음식에
집중해 제작했다. 까눌레를 만드는 법은 복잡하다. (주혜린
디자이너 말을 빌리면 까눌레의 '까'는 '까다로울 까'이다.) 반죽은
하루 꼬박 숙성해야 하고 틀에 밀랍이나 버터를 코팅해야
한다. 잘 구우려면 온도도 여러 번 조절해야 한다. 주혜린
디자이너는 작품 하나가 탄생하기 위한 수련의 시간 같은
그 과정들도 전부 까눌레의 매력이라 생각한다. 나아가
오리지널 외에도 블루베리를 얹거나 쑥 인절미를 더해도,
앙버터를 만들거나 페퍼로니를 넣어도 그에게는 전부
맛있고 사랑스러운 까눌레일 뿐이다.

《푸딩의 세계》
2022, 92페이지

《이거 먹을래 까눌레》
2024, 88페이지

샌드위치 프레스가 말하는
까눌레 만드는 팁

반죽을 섞을 땐 힘을 빼고 살살 섞자

"최근 천연 오일로 코팅된 국내산 나무 수저 세트를 구매했는데, 이염이나 파손에 취약하기에 '세척 시 홍시 닦듯 살살 닦아야 한다.'는 관리 방법을 안내받았다. 이 얼마나 이해가 잘되는 비유인가. 까눌레 역시 비슷하다. 마치 '나는 슬러시 기계의 뱅글뱅글 도는 모터다.' 또는 '나는 전날 전완근 운동을 했다.'라고 생각하며 아주 느긋하게 살살 저어야 한다. 힘을 주어 열심히 휘젓는 순간 글루텐이 형성되고, 오븐에 구울 때 반죽이 솟아오를 수 있다."

그저 달콤하다고만 생각했던 작은 조각이었다. 숨은 이야기에 귀 기울이니,
깊은 곳에 묻어둔 자연의 풍경이 마음속에서 되살아난다.

사계를 품은 한 입

에디터 **차의진**

자료 제공 후지와라 유키Fujiwara Yuki

찰나의 꽃

벚꽃이 흩날리는 순간의 아름다움은 짧지만 우아하다.

봄의 전령

매화가 피어난 가지는 고요한 우아함을 지닌 기둥이 되어 봄의 도래를 속삭인다.

그늘 아래의 평온

여름 나무 아래, 잎사귀 사이로 춤추는 햇빛은 짧은 서늘함을 만들어낸다.

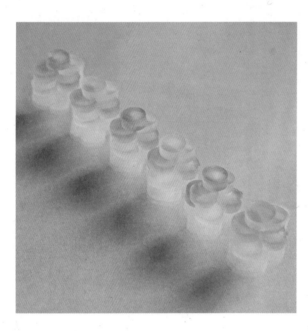

비 내린 후

장마철, 부드러운 비 속에서 수국이 반짝인다.

가을의 향기

금목서는 옅은 가을빛 속으로 부드럽게 사라지며

계절의 깊어짐을 전한다.

흩날리는 싸리꽃

바람에 흔들리는 섬세한 싸리꽃이

가을의 도래를 알린다.

눈 덮인 크리스마스트리

성스러운 밤, 별이 빛나는 하늘 아래 고요히 서 있는 트리가 순수하고도 영원한 기도를 떠오르게 한다.

겨울 아침

신비한 세계로 변모한 은빛 겨울 아침. 부드러운 햇살에 눈 덮인 풍경이 반짝인다.

달콤한 화폭을 빚는 마음

후지와라 유키 — 화과자 아티스트

만나서 반가워요. 과자의 아름다움에 젖어 시간 가는 줄 몰랐어요.

안녕하세요. 본업은 그래픽 디자이너인 화과자 아티스트 후지와라 유키입니다. 어릴 적부터 일본 전통 과자의 세계에 매료되었어요. 디자이너의 시각으로 화과자를 바라보면서 전통과 현대적 감각을 조화롭게 융합한 작품을 만듭니다. 바쁜 업무와 육아 중에도 틈틈이 작품을 빚어요. 일상의 아름다운 풍경, 단어, 순간을 간직하는 저만의 방법이죠. 가게를 운영하지는 않지만, 종종 다양한 브랜드와 협력해 그들의 고유한 가치를 담은 화과자를 제작해요. 이런 프로젝트는 화과자가 여러 개념과 아름다움을 담아낼 수 있는 가능성을 탐구하게 해줘요.

한국의 독자들에게 화과자를 소개해주세요.

일본 문화의 상징으로 여겨지는 특별한 전통 과자예요. 팥소, 쌀가루, 한천 같은 천연 재료로 만들고, 하나하나 손으로 정교하게 빚어내죠. 계절의 변화를 반영한 섬세한 디자인과 색감으로 잘 알려져 있고, 시각적 즐거움뿐만 아니라 맛과 향으로 감각을 사로잡습니다. 그중에서도 '죠나마가시上生菓子'라고 불리는 고급 과자는 작품마다 시적인 이름을 붙여서 이야기를 담아내요. 단순한 음식이 아니라, 사계의 경관을 담은 작은 캔버스라고 생각해요. 먹을 수 있는 예술인 셈이죠.

그래픽 디자이너로 일한다고 했죠. 과자는 어떻게 빚게 된 거예요?

어릴 적 다도를 가르쳐주신 할머니 덕분에 화과자는 익숙한 존재였어요. 디자이너로 치열하게 일하던 20대 후반, 회사에서 직원들이 각자의 관심사를 탐구할 수 있도록 독려하는 프로젝트를 추진했는데요. 그때 저는 뭘 할까 하다가, 세 가지 기준을 두고 고민했어요. 나의 독특한 성장 배경을 강점으로 승화하기, 디지털 작업이 아닌 손에 잡히는 무언가를 만들기, 100년이 지나도 가치가 변하지 않는 작업에 몰두하기. 결론은 화과자였죠. 성인이 되기 전까지는 그 예술성을 잘 몰랐는데요. 전통이라는 제약 속에서 추상적인 개념을 표현하는 과정은 디자이너의 일과 놀랍도록 닮았더라고요.

유키의 작품은 자연물의 몰랐던 아름다움을 발견하게 해줘요.

일상 속 작은 경이로움에서 영감을 얻어요. 물결치는 바람이 수면을 스치는 모습, 폭풍 후 잎사귀에 맺힌 반짝이는 물방울이 맺힌 모습, 황혼의 색조가 끊임없이 변하는 장면처럼 지나치기 쉬운 짧은 순간이 저를 움직이게 해요. 이런 순간들을 보존하고 싶은 열망이 작업을 시작하게 하죠. 자연물을 세심하게 관찰하는 태도는 창작의 무한한 가능성을 열어주는데요. 화과자는 자연물의 미묘한 인상을 구체적인 형태로 바꾸어서, 놓치기 쉬운 아름다움을 기억하는 도구예요. 저는 전통적인 장인이 되는 훈련을 받지 않았고, 디자이너로서의 직관과 경험에 의존해요. 이 자유로움 덕분에 계절뿐만 아니라 브랜드의 지향점 같은 추상적인 개념도 과자로 만들어낼 수 있죠.

작은 조각에 찰나의 자연이 담겼네요. 화과자는 어떤 힘을 갖고 있다고 생각해요?

화과자는 감각의 모든 영역을 아울러요. 맛, 향, 촉감, 시각, 심지어는 소리까지도요. 작품에 붙여진 시적인 이름이 들리면 계절의 이미지가 떠오르니까요. 예를 들어 '하나이카다花筏(꽃의 뗏목)'라는 이름은 강물 위에 흩날린 벚꽃이 마치 뗏목이 떠다니는 것 같다고 해서 붙여졌어요. 이름은 과자에 숨은 이야기와 장면을 상상하게 만드는 매개체가 되죠.

음식은 계절마다 다른 맛을 선물하죠. 좋아하는 제철 요리를 듣고 싶어요.

봄에는 부드러운 햇살이 가득하고 생명이 움터요. 말로 다 표현할 수 없는 희망과 새로움의 기운이 가득하죠. 긴 겨울이 끝나면, 사람도 자연도 시작의 에너지로 충만해져요. 저는 봄의 화과자, '사쿠라 모치桜餅'를 좋아하는데요. 벚꽃의 정수를 완벽히 담아낸 과자예요. 일본 시인 아리와라노 나리히라가 "벚꽃이 없다면 봄의 매력이 반감될 것"이라고 말했듯, 저도 짧은 개화에 항상 매료되곤 하죠. 요즘은 세계적으로 유명한 서예가와 협업해 봄 과자 컬렉션을 만들고 있어요. 앞으로도 화과자를 만들며 전통과 현대를 연결하는 여정을 이어갈게요.

플라스틱, 새로운 발견

에디터 이다은

포토그래퍼 강현욱

〈Plastic : Remaking Our World〉의 포스터 속 원은 얼핏 다채로운 색으로
물든 지구처럼 보인다. 하지만 조금만 더 자세히 들여다보면 원 안의 색과 질감이
플라스틱과 닮았다는 걸 알 수 있다. 인류가 발명한 플라스틱이 온 지구를 덮고
있는 지금, 너무 당연해서 잊고 있었던, 혹은 너무 막연해서 외면했던 이 익숙한
소재를 어떻게 대해야 할지 누구나 한 번쯤 생각해 봐야 한다.

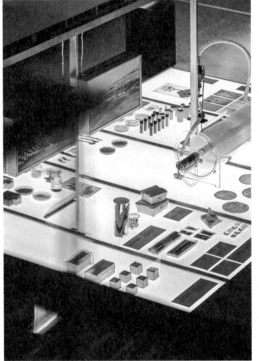

플라스틱의 명과 암 가운데서

플라스틱으로부터 자유로운 사람이 있을까? 우리 중 대부분은 날마다 일회용 컵에 담긴 커피를 마시고, 폴리에스터 소재의 옷을 입고, 플라스틱 부품이 쓰인 자동차를 탈 것이다. 일상을 점령한 거대한 존재감 앞에 '환경오염의 주범'이나 '썩지 않는 쓰레기' 같은 부정적인 수식어는 금세 무색해지고 만다. 플라스틱을 밀어내려고 안간힘을 쓰지만, 이제는 어떤 방법을 써도 영영 우리 곁을 떠나지 않을 거라는 사실을 알고 있다.

현대자동차와 비트라 디자인 뮤지엄이 함께하는 〈플라스틱, 새로운 발견〉은 과거 혁신의 상징이었지만 이제는 환경 파괴의 중심에 서 있는 플라스틱의 양면성에 주목하는 전시다. 플라스틱의 탄생 배경부터 현재까지의 변천사를 시간순으로 들여다보고, 인류와 플라스틱이 현명하게 공존하는 데 필요한 디자인의 역할을 탐구한다. 전시 마지막 무렵에는 폐플라스틱을 수소 에너지로 개발하는 기술(P2H)을 포함해 현대자동차가 친환경 신소재에 기울이는 노력도 엿볼 수 있다. 세계 각국을 순회하는 비트라 디자인 뮤지엄의 트래블링 전시를 현대 모터스튜디오 부산의 공간에 알맞게 구성해 완성도를 높였다.

비트라 디자인 뮤지엄의 큐레이터 미아 호프만은 이번 전시에 관해 이렇게 전했다. "플라스틱이 무조건 나쁘다고 묘사하고 싶지는 않습니다. 현대인의 라이프스타일에 너무나 오랫동안 녹아들어서 그걸 떼어놓고 생활할 수 없기 때문입니다. 제가 한국에 타고 온 비행기에도 플라스틱이 쓰였고, 매일같이 사용하는 컴퓨터에도 포함되어 있어요. 팬데믹 기간 의료용품과 의약품에도 중요한 역할을 했다는 점을 감안했을 때, 플라스틱을 조명하는 것은 아주 다층적인 담론이라고 생각합니다. 이 전시를 보시는 분들도 본인이 어떻게 플라스틱을 사용하고 있는지, 꼭 필요할 때만 사용하는지를 다시 한번 생각해 보는 기회가 되길 바랍니다."

축복에서 저주가 되기까지

전시는 2층에서부터 시작된다. 연대기 순으로 구성된 네 개의 섹션은 우리가 경험해 보지 못한 과거를 간접적으로 경험하게 하고, 현재 상황을 직접 공감하게 한다.

첫째 섹션인 '칼파Kalpa'는 영상 설치 작품으로 9분여간

상영된다. 태초의 해양 미생물이 일련의 과정을 거쳐 20억 년 후 석유 형태로 발견되고, 플라스틱 기술의 발전으로 다시 해양 생태계가 오염되는 과정을 보여주며 익숙함에 묻혀 있던 플라스틱에 관한 의식을 깨워준다. 둘째 섹션 '신세티카Synthetica 합성 물질의 시대'는 본격적인 플라스틱의 탄생 과정을 담고 있다. 상아, 천연고무 같은 자연 소재로 물건을 만들던 유럽인들이 19세기 산업화 이후 반합성 플라스틱을 발명한 것이다. 머지않아 100퍼센트 합성 플라스틱으로 제품의 대량 생산이 가능해지면서 바야흐로 '플라스틱 시대'가 열린다.

셋째 섹션은 두 가지로 나뉜다. 먼저 '페트로모더니티Petro-modernity 석유화학의 시대'에서는 플라스틱 기술이 한층 더 발전되었음을 보여준다. 1920년대 석유화학 산업의 활성화로 새로운 소재가 빠르게 개발되었고, 더욱 다양하고 접근성이 높아진 플라스틱 제품들은 인류의 생활 양식에 엄청난 혁신을 일으켰다. 2차 세계 대전 당시에도 플라스틱은 갖가지 군사용품에 활용되며 핵심적인 역할을 했다. 플라스틱 소비가 긍정적으로 여겨지던 시기를 지나 '플라스티신Plasticene 플라스틱의 시대'에 와서야 비로소 우리는 무분별한 사용이 초래한 결과를 마주하게 된다. 인류의 안전과 직결되는 의료용품처럼 필수적인 사용처도 많지만,

그보다는 의미 없이 쓰이고 버려져 지구 환경을 망치는 편이 압도적으로 증가한 것이다. 불과 몇십 년 사이에 플라스틱은 축복에서 저주로 바뀌었다. 급격히 빠른 속도로 퍼진 저주를 풀기 위한 인류의 노력은 넷째 섹션인 '다시 만들다 RE-'에 녹아 있다. 개인을 넘어 세계의 디자이너와 과학자, 정치가, 기업 등이 플라스틱 선순환을 이루어 내기 위해 한 방향으로 달려가는 모습을 보여준다. 전시장에 진열된 재활용이 가능한 의자나 플라스틱을 대체하는 신소재들이 새로운 가능성의 시작이다.

현대자동차가
플라스틱을 대하는 방법

'그렇다면 앞으로 우리가 할 수 있는 일은 무엇일까?' 전시가 던지는 질문 뒤에 현대자동차는 짧은 답을 달았다. 현대자동차가 플라스틱을 포함한 환경 문제를 해결하기 위해 실행한 연구를 볼 수 있는 섹션 5와 6이 그 답이다.

‘현대자동차의 친환경 신소재’ 섹션을 관람하기 위해 3층으로 오르는 ‘아이오닉’ 차체의 일부가 벽면에 진열되어 있다. 눈여겨볼 주인공은 바로 자동차 제조에 쓰인 재활용·친환경 소재들. 폐플라스틱을 재활용해 만든 시트와 폐어망으로 제작한 카펫 그리고 폐타이어를 가공해 만든 도료로 도색한 내·외장재 등이 그것이다. 체험형 섹션인 ‘프레셔스 플라스틱과 P2H 워크숍’에서는 재활용이 불가능한 폐플라스틱에서 순도 99.99퍼센트의 수소를 추출하는 현대자동차그룹의 P2HPlastic-to-Hydrogen 공정을 엿볼 수 있다. 또한, 데이브 하켄스의 프레셔스 플라스틱 프로젝트를 통해 폐플라스틱 뚜껑을 녹여 새로운 오브제로 재탄생시키는 시연도 관람할 수 있다. 이러한 노력은 시대에 발맞춘 글로벌 기업의 의무를 보여주며, 자동차의 디자인과 기능만을 우선 고려 대상으로 삼는 이들에게도 새로운 시각을 불어넣어 준다. 친환경 기술에 대한 장기적인 계획과 과감한 도전으로 소비자의 선택에까지 영향을 미치는 일이 바로 현대자동차의 다음 대답일지 모른다.

디자인의 힘을 믿다

현대 모터스튜디오는 현대자동차의 브랜드 비전과 방향성을 다채로운 방식으로 경험할 수 있는 차별화된 공간이다. 2021년, 국내 네 번째로 개관한 현대 모터스튜디오 부산은 ‘Design to live by(인간의 삶을 풍요롭게 만드는 디자인의 힘)’라는 콘셉트 안에서 다양한 문화·예술 전시를 선보이며 공간을 찾는 이들에게 새로운 경험을 제공하고 있다. 비트라 디자인 뮤지엄과의 협업 또한 ‘디자인 혁신이 일상생활 속 기술에 가져올 긍정적 영향의 탐구’를 목표로, 보다 폭넓은 주제의 전시를 통해 끊임없이 관람객과 소통하고자 하는 현대자동차의 방향성을 보여준다.

현대 모터스튜디오 부산은 언제나 공간을 찾은 모두에게 새로운 영감을 불어넣는다. 관람객들은 이 공간을 둘러보며 계속해서 이야깃거리를 만들고, 익숙한 것을 다시 보게 될 것이다. 여행길에 한 번쯤 현대 모터스튜디오 부산에 방문하기를 추천하는 이유다.

Plastic: Remaking Our World 플라스틱, 새로운 발견

2024. 8. 29.─2025. 5. 25.
H. 부산 수영구 구락로123번길 20 현대 모터스튜디오 부산
O. 매월 첫째 주 월요일·신정·명절 당일 및 익일 제외 10:00─20:00

고사리 육개장을 먹으며
생각한 것

넷플릭스 <흑백요리사>에서 어느 셰프가 말했다.
"주방에서 셰프보다 더 높은 게 있어요. 재료죠."
그렇지, 재료지. 언제나 가장 높은 건 재료다.

글 정다운   사진 박두산

고사리 육개장

서울이나 부산 등 접근성이 좋은 도시에 살 땐 잘 느끼지
못했다가 제주 섬에 살며 체감한 것 중 하나는, 음식은
결국 재료라는 사실이다. 제주도는 한반도 가장 남쪽에
있어 평균 기온이 높은 반면, 바람이 강하고 돌이 많아
농사를 짓기 척박한 환경이다. 물이 잘 빠지는 토양이라
논농사도 잘 안된다. 이건 따로 찾아보지 않아도
제주도에서 조금만 살아보면 알게 되는 사실이다. 하지만
이곳 사람들은 이 거친 땅 위에서 천 년이 넘는 시간 동안
살아왔다. 여행객은 제주의 식재료를 그저 특산물 중
하나로 여기겠지만 이 지역에서 재료는 생존의 의미를
갖는다. 그래서 종종 어떤 제주 음식을 먹을 때면, 제주의
과거와 현재를 통째로 먹는 기분이 든다.
제주 곳곳에서 흔하게 나는 재료를 활용해 일상적으로
먹는 현지 음식이면서 내가 개인적으로 좋아하는 음식은
고사리 육개장이다. 제주에서 살기 전에도 육개장을
좋아하는 편이었다. 드라마에서 장례식장 장면이 나오면,
'아 육개장 맛있겠다.'는 생각을 할 정도였으니 말 다
했다. 제주에서 파는 고사리 육개장도 당연히 그 비슷한
음식일 거라고 생각했다. 그런데, 10여 년 전 제주에서
처음 먹어본 고사리 육개장은 그동안 흔히 먹던 붉은빛
얼큰한 국물이 아닌 진한 회색의 걸쭉한 음식이었다.
칙칙한 회색빛 음식이라니, 이게 정말 맛이 있을까, 하나도
기대되지 않았는데, 한 숟가락 먹고 눈이 똥그래졌다. 이게
뭐라고? 메뉴판을 다시 살펴봤다.
돼지고기와 고사리를 각각 푹 삶은 뒤, 돼지고기는 찢고
고사리는 으깨 고춧가루 등 양념을 넣고 버무린 다음 돼지
잡뼈로 오래 우려낸 육수에 넣고 함께 끓이다 메밀가루를
추가해 걸쭉하게 만드는 것이 제주만의 육개장이다.
회색빛이 나는 건 메밀 때문이다. 고사리도 돼지고기도
모두 잘게 찢고 으깬 뒤 오래 끓여 식감이 부드럽다.
무엇이 고기인지 고사리인지 잘 구분이 되지 않는다. 씹을
필요도 없이 죽처럼 술술 넘어간다. 나는 육개장 따로 밥
따로 먹다가, 절반쯤 남았을 때 밥을 넣고 말아 먹는 걸
좋아한다. 밥이 들어갔을 때 국이 조금 더 걸쭉해지는데,
그러면 '말았다'기보다 '비볐다'는 표현이 더 어울릴 것
같은 모양새가 된다. 밥알과 고사리와 돼지고기가 한데
어우러진 맛이 또 일품이다. 뚝배기를 기울여 마지막 한
숟가락까지 싹싹 긁어 먹는다. 아, 맛 좋다. 잘 먹었습니다.

메밀과 고사리

이효석 소설 〈메밀꽃 필 무렵〉 때문인가 대부분 '메밀'의
주 생산지가 강원도인 줄 알지만, 사실 메밀이 가장 많이
나는 곳은 제주도로 전국 메밀 생산량의 절반 이상을
차지한다. 기후의 영향을 받지 않고, 어떤 환경의 땅에서나
재배가 가능해 대표적인 구황작물로 꼽히는 메밀은
척박한 제주 땅에서도 잘 자라 주었다. 덕분에 이곳에는
메밀을 활용한 음식이 많다. 얇게 부친 메밀전병에 간을 한
무를 넣고 만 빙떡은 제주 향토 음식으로, 요즘은 제주의
시장 곳곳에서 길거리 음식으로 판매한다. 무, 미역 등에
메밀가루를 넣고 푹 끓인 메밀 조배기는 산모들이 아이를
낳고 나서 먹는 음식이었다고 한다. 몸국이나 접짝뼈국 등
메밀을 넣어 뭉근하게 끓인 국도 흔하게 먹는다. 이처럼
메밀은 오래전부터 제주 사람들의 배를 든든하게 채워준
고마운 식재료다. 게다가 메밀은 봄과 가을 농사가 가능해
일 년에 두 번이나 수확할 수 있다.
고사리는 더 고맙다. 제주에선 매년 4월이면 아무
땅에서나 고사리가 매일매일 끝도 없이 새로 난다. 사실
아무 데서나 자라는 건 아니고, 주로 제주 중산간 곶자왈
근처 습한 들판에서 난다. 고사리가 고마운 이유는,
사 먹지 않아도 내가 직접 들판에서 꺾어 먹을 수 있는
식재료 중 하나라는 점이다. 땅도 필요 없다. 부자고
가난하고 나이가 많고 적고 상관없이 봄이면 누구나
산으로 들로 고사리를 꺾으러 나간다. 모두가 똑같이
챙이 넓은 모자를 쓰고 주머니가 커다란 앞치마를 두르고
들판에서 허리를 숙이고 가시덤불 사이로 손을 넣어
고사리를 꺾는다. 땅이 없는 사람도 땅을 많이 가진 사람도
똑같이 허리를 숙인 만큼 고사리를 집으로 가져간다. 분명
어제 다 꺾었는데, 다음 날 가면 다시 우후죽순 고사리가
자라있다. 마법 같다. 하나하나 꺾다 보면 어느새 가방에
고사리가 가득하다. 보통 한바탕 삶은 다음 햇볕에 말려
일 년 내내 저장해두는데, 제주 사람들은 주로 말리지 않고
삶은 채로 소분해 냉동실에 보관해서 먹는다.

재료 소진

〈흑백요리사〉에서 셰프가 "주방에서 셰프보다 더 높은 게
있어요. 재료죠."라고 말하고 메뉴를 정하기 전에 재료부터
챙겨 올 때, 저 셰프 참 영리하네, 깔깔 웃다가 생각했다.
어쩌면 글쓰기에서도 작가보다 더 높은 건 재료일지
모르겠다고. 웃음이 쏙 들어간다. 웃을 일이 아니다.
재료가 좋은 글이 가장 좋다. 그래서 자주 생각한다.
에세이는 인생에 딱 한 번, 한 번이면 족할지도 모른다.
조승리 작가의 《이 지랄맞음이 쌓여 축제가 되겠지》와
이순자 작가의 《예순 살, 나는 또 깨꽃이 되어》, 고경애
작가의 《그날은 그렇게 왔다》 같은 책들을 읽다 보면 그런
생각은 확신이 된다. 미천한 경험을 다닥다닥 긁어서 여러
권의 에세이로 나눠 낸 나는 이미 글렀다.
10년 넘게 에세이를 썼다. 첫 책은 남미 여행기였다. 이어
제주도 이주민 인터뷰집을 출간했고, 바르셀로나 생활기를
썼고, 최근에는 제주의 마을에 대한 책을 냈다. 모두 내가
두 발로 딛고 사는 곳에서 몸으로 부딪치고 경험한 것들을
기반으로 한 글이다. 물론 책이 되지 않은 글이 훨씬 더
많다. 10년 동안 쉬지 않고 글을 쓰는 동안 언제부턴가
밖에 나가서 걷는 시간보다 책상 앞에 앉아 있는 시간이
훨씬 길어졌다. 새로운 재료 없이 있는 재료로 글을 써야
하는 일이 많아졌단 얘기다.
그럴 줄 알고 어느 한 때 뚜벅뚜벅 두 발로 걸어 구해둔
풍성한 재료들을 햇볕에 바싹 말리고 소분해 꽁꽁
얼려두었다. 말린 건 잘 불려 쓰고 얼린 건 잘 녹여 썼다.
가끔은 녹은 걸 다시 얼려 모른 척 또 쓰기도 하고, 조금
남은 것에 물을 부어 오래 다시 끓이기도 했다.
어떤 재료는 오래 묵혀도 쓸 만했다. 묵을수록 좋은 것들도
있었다. 하지만 대부분 재료는 신선한 게 좋다. 무엇에
좋냐면, 그 재료로 글을 쓰는 나한테 좋다. 그렇지만
늘 신선한 재료를 구할 수 있는 건 아니어서 대체로 저장해
둔 재료들로 그냥저냥 먹고 살았다. 그럭저럭 먹을 만했다.
그런데 가끔 물린다. 하지만 내 글의 셰프는 나라서,
셰프를 바꿀 순 없다. 그렇다면 재료를 바꿔야 새로운
요리를 만들 수 있을 것 같은데, 재료는 어디서 팔지?
셰프는 재료를 돈을 주고 살 수 있지만, 작가는 재료를
돈 주고도 살 수 없다. 가끔 그런 생각을 하면 길을
잃어버린 아이 같은 기분이 들곤 한다.
비 온 다음 날 여기저기 고개를 빼꼼히 내밀고 있는
고사리처럼, 척박한 들판에서 거침없이 피는 메밀꽃처럼
할 이야기가 많던 시절을 그리워한다. 식재료가 넘쳐나는
재래시장 같던 하루도 떠올린다. 이러다 한 글자도 더 쓰지
못하면 어쩌지. 다시 나가 멀리까지 걸어볼까? 하지만

집엔 열 살이 훌쩍 넘은 고양이가 있는걸. 매일매일 내가
서 있는 자리에서 해야 할 일도 많은걸. 그렇다면 오래
묵은 딱지를 떼야 하나. 하지만 딱지를 떼다 피가 날까 봐
주저한다. 피가 그치지 않을 수도 있으니 그건 안 될 것
같다. 혹시나 얼려두고 잊은 재료는 없나 냉장고를 수도
없이 열었다 닫는다.

다음 요리

재료가 소진되었다며 기가 죽어 있던 나에게 누군가
자기는 매일 똑같은 걸 먹어도 집밥이 좋다고 말해주었다.
제주 사람들은 메밀과 무로 빙떡이라는 슴슴하지만
놀라운 음식을 만들고, 국에 메밀가루를 풀어 포만감을
준다. 제주에서 흔한 재료를 넣고 끓인 고사리 육개장은
여행객들이 줄 서서 사 먹는 특별한 음식이 되었다.
재료를 구하러 떠날 수 없다면, 나의 조리법을 바꿀
수밖에. 그래서 뭘 하고 있냐면, 조금 느닷없는
결론이지만, 요즘 나는 글쓰기 공부를 하고 있다. 돌아보니
한 번도 따로 글쓰기를 배운 적이 없었다. 내가 배운
모든 글쓰기는 읽기에서 왔다. 그래서 처음으로 돌아가
생전 읽어보지 않던 분야의 책을 읽는다. 그리고 써본 적
없는 방식으로 글 쓰는 연습을 하고 있다. 셰프를 바꿀
순 없지만 칼날을 더 날카롭게 갈 순 있다. 써보지 않은
재료를 활용해 보는 용기도 낼 수 있고, 재료에 대해 더
깊게 이해한 뒤 한 번도 시도해 보지 않은 조리법으로
요리를 해볼 수도 있다. 그러다 보면 냉동실 속에 방치된
재료를 살려낼 방법을 찾을지도 모른다. 척박한 나의
땅에서 끝끝내 이야기를 키워낸다면 좋겠다. 아주 오래
걸릴지도 모르지만, 얼마든지 기다릴 수 있지. 그리고 혹여
글이 되지 않더라도, 상관없단 생각이 든다. 중요한 건
글이 아니라 나라는 재료니까. 오늘도 도서관에 다녀왔다.

1만 루피짜리 짜이 한 잔

2007년 즈음 배낭여행자들 사이에서 '5불 생활자'라는 도전이 유행했다. 하루에 딱 5달러만
쓰면서 여행을 이어간다는 의미였다. 특히 인도는 물가가 저렴하고 문명사회와 동떨어진
신비로움이 있어, 배낭여행자의 성지로 불렸다. 전역한 지 채 한 달이 되지 않은 시점에 인도
콜카타로 떠나는 여행을 계획했다. 육체와 정신이 잔뜩 무장된 상태라 세상 두려운 게 없었다.
그렇게 떠난 콜카타에서 나는 평생 잊을 수 없는 짜이 한 잔을 마셨다.

글·사진 김건태

인도 콜카타 공항의 입국 수속을 마치자 어느덧 새벽 2시였다. 이 시간에
공항 밖을 돌아다니는 건 자해 행위나 다름없으므로, 날이 밝을 때까지
공항에 머물기로 했다. 대합실에 자리 잡고 앉아 여행 가이드북을 펼쳤다.
인도와 네팔을 묶어 소개한 가이드북은 1,100여 페이지에 달했고,
호신용 벽돌을 대신해도 될 만큼 무거웠다. 가이드북에는 여행자가 머물
만한 숙소 몇 개와 추천 식당 리스트가 수록되어 있었는데, 스마트폰이
없었기에 책에 적힌 정보가 절대적이었다. 공항에서 여행자의 거리 '서더
스트리트Sudder Street'까지는 버스를 이용해야 했는데, 그 말은 버스가
운행하기 전까지는 꼼짝도 할 수 없다는 의미였다.

맨바닥에 침낭을 깔고 들어가 동태를 살폈다. 조도가 낮은 콜카타 공항은
음산하고 축축했다. 공항 곳곳 어깨에 장총을 멘 군인들이 어슬렁거렸다.
나는 괜한 오해를 사지 않기 위해 눈을 깔았다. 세 보이는 상대를 만나면
시선을 피하는 것이 최선이기 때문이었다.

밤을 새우고 동트자마자 배낭을 챙겨 공항을 나섰다. 뜨겁고 희뿌연
공기가 얼굴을 덮쳤다. 강황과 미세먼지가 한데 섞인 듯한 느낌. '미세
커리의 맛이로군!' 일본식 3분 카레에 익숙한 내게 원조의 향은 강렬했다.
정신을 못 차리는 여행자에게 택시 기사들이 몰려들었다. 그들은 알아듣기
힘든 인도식 억양으로 소리쳤다. "자판? 꼬레아? 탁시?(일본인인지 한국인인지
모르겠지만 일단 제 택시를 타시겠어요?)" 괜찮다고 손사래를 쳐도 막무가내였다.
급기야 내 가방을 잡아당기는 통에 다잡았던 인내심이 무너졌다.

"아, 쫌!" 참지 못한 내가 크게 소리치자 일순 정적이 일었다. '조금
심했나?' 싶어 미안한 마음이 들려는 순간, 언제 그랬냐는 듯 그들은 다시
소리치기 시작했다. "탁시? 원 따우전 루피! 유 해피? 암 해피!(네 목적지가
어딘지는 모르지만, 나는 1,000루피를 받을 거야. 그럼 누이 좋고 매부 좋은 거지!)"

나는 최대한 빠르게 도망치듯 인파를 빠져나와 벌판을 걸었다. 그때
어디선가 나타난 털 빠진 큰 개들이 컹컹 짖으며 따라오기 시작했다.
어째서 국제공항 주변에 들개 무리가 있는지 모르겠지만, 그들은 배가
고픈 듯 보였다. 군대에선 굶주린 개와 대화하는 법을 가르쳐 준 적이
없었기에 나는 두려워졌다. 그러나 조금이라도 도망칠 기색을 보이면
내 엉덩이를 물기 위해 달려들 것이 분명했다. 오줌을 참으며 길을 걷는데
멀리 사람이 보였고, 도움을 청할 요량으로 빠르게 걸었다. 그곳엔 비쩍
마른 노파와 발가벗은 아기가 쭈그려 앉아 쓰레기 더미를 뒤지고 있었다.
얼마나 오래도록 맨발이었을까? 노파의 뒤꿈치가 단단한 나무껍질
같았다. 노파는 내 눈을 바라보며 불쌍한 표정을 지어 보였다. 그녀는
손가락을 입으로 가져가는 시늉을 했는데, 배가 고프다는 의미 같았다.
나는 주머니를 뒤져 100루피 지폐를 건넸다. 노파는 냉큼 지폐를 받아
들고는 신에게 절하듯 양손을 이마에 갖다 붙인 채 연거푸 고개를 숙였다.
그러더니 바닥에 놓인 부지깽이를 들어 들개 무리에게 휘두르기 시작했다.
노파의 저주에 찬 일갈에 개들이 꼬리를 말고 도망쳤다.
노파는 버스 정류장까지 30여 분은 더 가야 한다고 했다. 나는 길을 잃지
않기 위해 도로에 바짝 붙어 걸었는데, 택시와 트럭, 오토 릭샤와 사이클
릭샤, 소와 개, 사람이 한데 엉켜 있는 차도는 그야말로 엉망진창이었다.
그들은 경적을 울리지 않으면 병에 걸리는 사람들처럼 미친 듯이
빵빵거렸다. 그런 가운데, 등 뒤에서 무언가 부딪히는 소리가 들렸다.
신호 대기 중이던 고급 승용차의 꽁무니를 사이클 릭샤가 들이받은
모양이었다. 다행히 큰 사고는 아닌 듯 보였다. 잠시 후 승용차에서 뚱보
남자가 내렸다. 그는 잔뜩 화가 난 듯 씩씩거리더니 두꺼운 손바닥을 활짝
펴 릭샤꾼의 뺨을 내려쳤다. 한 대, 두 대, 세 대, 일방적인 폭력이 가해지는
동안 릭샤꾼은 아무런 저항도 하지 않았고, 주위의 누구도 말리지 않았다.
그 광경을 목격한 경찰이 느릿한 걸음으로 현장에 오고 나서야 상황이
일단락됐다. 경찰이 둘을 떼어놓는 와중에도 뚱보 남자의 분은 풀리지
않은 듯 씩씩거렸다. 문득 '카스트 제도'가 떠올랐다. 법적으로 신분
제도가 폐지된 지 60년이 지났지만, 코끼리 발목의 족쇄처럼 그들을
옭아매는 유령이 있다는 사실이 새삼 절망스러웠다.

하지만 진짜 절망은 따로 있었다. 노파가 알려준 방향으로 30분 넘게
걸었지만, 버스 정류장은 보이지 않았다. 행인을 붙잡고 물으니 반대
방향으로 가라는 대답이 들려왔다. '미치고 팔짝 뛰겠네….' 작열하는
태양 아래서 왔던 길을 거슬러 가는데, 허허벌판만 이어지는 게 아무래도
이상했다. 가판대 상인에게 다시 길을 물었더니 전혀 다른 길을 알려줬다.
그는 자기 말이 확실하다며 직접 지도까지 그려줬다. 처음 길을 알려준
노파도, 반대편을 알려준 행인도, 모두 진심이었던 표정으로 보아 누구를
원망할 수도 없는 노릇이었다.
결국, 왔던 길을 거슬러 버스 정류장을 찾았고, 문짝도 없이 달리는
로컬 버스에 매달리듯 운반되었고, 우여곡절 끝에 서더 스트리트에
도착했다. 그리고 여행자 거리에서 처음 나를 반긴 건 다름 아닌 한 무리의
독수리 떼였다. 건물 옥상에서 하강한 독수리들은 족히 2미터가 넘는
날개를 펄럭거리며 길거리 토사물을 먹어치우고 있었다. 상식을 흔드는
비현실적인 풍경. 그리고 영화의 한 장면처럼 독수리 떼를 가로질러
한 사내가 나타났다. 그는 30년은 기른 듯한 머리와 수염을 드리우고
있었는데, 그게 그가 가진 전부였다. 몸에 걸친 것이 하나도 없었던 거다.
인도에서 세 번째로 큰 도시, 길거리 한복판에서 히피의 나체를 목격한
것이다. 그는 검붉은 이를 드러내며 소리쳤다. "세상은 더러운 양말이야!"
무슨 의미인지 궁금했지만, 도저히 물어볼 용기가 나지 않았다. 나는
최대한 눈을 피하며 길 가장자리로 걸었고, 몇 번이나 길을 잃고 난 뒤에야
가이드북에 나온 숙소에 도착했다. 서울을 떠난 지 꼬박 26시간 만이었다.

가이드북에 따르면 '파라곤 호텔'은 배낭여행자들이 유독 사랑하는
호텔이라고 했다. 1박에 80루피(약 2,000원)인 가격이 한몫하는 듯했다.
낯선 이와 함께 사용하는 도미토리는 자신이 없었기에 1인용 객실을
잡았다. 그곳은 내가 아는 '호텔'의 개념이 단번에 무너지는 장소였다.
문이 잠기지 않는 방, 얼룩이 잔뜩 묻은 1인용 침대, 훅훅 소리를 내며
돌아가는 천장의 팬, 두 평 남짓한 공간에서 나는 실신하듯 잠이 들었고,
회전 팬에 맞아 몸이 두 동강 나는 꿈을 꿨다. 뭔가 몸을 기어다니는
느낌이 나는 것이, 아무래도 베드버그의 먹잇감이 되고 있는 듯했다.

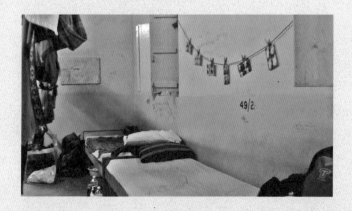

나는 영혼을 몸 밖으로 빼내어 침대에 누운 김건태를 내려다봤다.
공항에서 노숙을 하고, 택시 빌런을 물리치고, 들개에 쫓기고, 맨발의
노파와 아이를 만났으며, 뿌리 깊은 폭력을 목격하고, 길을 잃고, 독수리와
나체주의자를 피해, 싸구려 호텔에 도착했다. 그리고 언제 떨어질지
모르는 회전 팬 아래서 실시간으로 벌레에 물리고 있는 가여운 인간. 그는
콜카타에 도착한 지 하루 만에 죽어가고 있었다.
울고 싶었다. 여행이고 나발이고 당장 이곳을 떠나고 싶었다. 차라리 그때
개에 물렸다면 어땠을까? 한국으로 돌아갔더라면 어땠을까? 식은땀으로
온몸이 다 젖고 정신이 몽롱했다. 창밖은 이미 어둑해져 있었다. 그때
누군가 방문을 두드렸다. "비명을 듣고 왔어. 괜찮은 거야?" 카운터를
지키던 종업원 인드라였다. 그의 손에는 김이 모락모락 나는 유리잔이
들려 있었다. 100시간을 끓인 '짜이Chai'라고 했다. 그러면서 그는
덧붙였다. "이걸 마시고 네가 살아나면, 너는 나한테 10,000루피를 줘야
해. 그러니 꼭 살아줬으면 좋겠다." 허풍쟁이 인도인의 말에 나는 왜
뭉클했을까. 인드라가 돌아간 후, 그가 가지고 온 짜이를 단숨에 들이켰다.
"엇뜨, 시발!" 너무 뜨거워서 나도 모르게 욕을 해버렸다. 눈물이 고이고
입천장이 다 녹아버리는 느낌이 났지만, 진정 살아남고 싶었기에 뜨거운
차를 단숨에 다 마셨다. 그러곤 스스로 듣기 위해 혼잣말로 말했다.
"아, 맛은 없지만, 진짜 좋다. 진짜 진짜 좋다."

'조금 더'라는 주문

글 배순탁—음악평론가·〈배철수의 음악캠프〉작가

01.

'Chicken Fried'
— Zac Brown Band

02. '튀김우동'
— 권나무

03. 'Be Sweet'
— Japanese Breakfast

수두룩한 명언에, 심지어 미래까지 여러 차례 예언한 〈무한도전〉에서
출연자 길은 이런 말을 했다. "난 분쟁이 싫어."

장안의 화제였던 〈흑백요리사〉, 당연히 봤다. 끝까지 정주행하지는 못했다. 이유를 고민해 봤다. 어쩌면 나이 들수록 경쟁을 통한 생존에 환호를 보내는 구도가 견디기 어려워서인 듯하다.

요리사를 동경한다. 온 마음을 다해 진심으로 멋지다고 생각한다. 나는 요리야말로 가장 위대한 예술이라고 거의 확신하는 쪽이다. 그렇다면 음악은 어떻게 되는 거냐고 반문할 수 있을 것이다. 물론 음악은 요리와 더불어 인류가 향유해 온 가장 오랜 예술이다. 한데 모든 예술 중 우리의 목숨과 직결된 것은 오직 하나뿐이다. 요리다.

'먹고사니즘'은 매우 중요하다. 아무리 강조해도 지나치지 않다. 먹고 살아야 음악도 듣고, 영화도 보고, 미술관도 갈 수 있다. 소설가 김훈은 "나는 돈을 우습게 아는 사람을 우습게 압니다."라고 말했다. 똑같은 이치다. 즉, 모든 예술은 우리 인생에 주어진 특별 보너스 비슷한 거다. 반대로 말하면 이 보너스를 거의 누리지 못하는 사람이 세상에는 셀 수 없이 많다.

그렇다. 나의 일상이 누구에게는 사치일 수 있다. 나는 어제도 게임을 하고, 음악을 듣고, 영화를 봤다. 가끔 짬이 나면 미술관도 가려고 애쓴다. 감사하지 않을 이유가 없다. 그치만 요리는 좀 다르다. 제법 공평하다. 아니, 공평한 것처럼 보인다. 아무리 돈이 많아도 스스로 하거나 타인이 해준 요리를 먹지 않고서는 살 수가 없기 때문이다.

바로 이런 이유일 것이다. 요리, 그중에서도 '비싼' 요리는 욕을 참 많이 먹는다. 지금 당장 유튜브만 둘러봐도 "입에 넣으면 다 같은 걸 왜 저 돈 주고 먹냐."는 댓글이 넘쳐난다. 약간은 과체중이지만 비만은 아닌 중년 남성으로서 나는 사적 경제가 허락하는 한 가격이 제법 나가는 요리를 먹어보는 경험을 아주 좋아한다. 단지 맛 때문만은 아니다. 그 요리를 지긋이 바라보는 즐거움이 적어도 나에게는 상당하기 때문이다.

이를테면 상상력의 힘이다. 나는 요리를 주시하면서 그것에 사용되었을 재료와 요리사의 아이디어와 노고를 떠올린다. 우리는 자주 '한 끗 차이'라는 표현을 사용한다. 미슐랭 별로 말하자면 그 한 끗 차이가 별 한 개를 가른다고 미식가들은 입을 모아 얘기한다. 나는 미식가는 아니지만 여기에서 삶의 자세를 배운다. 어떤 대상에 완전히 몰입해 한 끗 차이를 일궈내려는 광기에 가까운 노력에 대해 생각한다.

결국 '조금 더'에서 인생이 갈린다고 확언할 수는 없지만 그럴 것이라고 믿는 수 외에는 답이 없다. 나는 '조금 더'를 긍정하기도, 부정하기도 한다. 새해에는 책 사기를 '조금 더' 줄일 것이다. 새로운 것에 집착하는 마음 역시 '조금 더' 내려놓을 것이다. 다만 딱 한 가지, 내가 하는 일에서만큼은 '조금 더'를 추구할 것이다.

안타깝게도 나는 천재가 아니다. 그건, 이 글을 읽는 독자들도 대부분 마찬가지일 것이다. 그렇다면 인생에 방법은 하나뿐이다. '조금 더'라는 말을 되뇌면서 반복하고, 누적하는 것. '조금 더'가 향하는 방향이 필요 이상의 질투나 욕심 같은 것만 아니라면 '조금 더'는 참으로 이로운 주문이 될 것이다. 치열한 자세로 요리를 대하는 저 요리사들처럼.

'Chicken Fried'
Zac Brown Band

'치맥'은 우리나라에만 특화된 문화가 아니다. 전 세계 어디서든 튀긴 고기 요리에 시원하게 맥주 한잔하는 풍경을 볼 수 있다. 치킨은 미국 남부에서 태어난 요리다. 그래서 미국 남부 출신 흑인 중에는 치킨에 대한 자부심이 엄청난 사람이 많다. 한데 그런 그들이 한국에 와서 치킨 한 입 먹어보고 놀라는 영상이 유튜브에 널려 있다. '국뽕' 지수가 모자란다면 찾아보기 바란다. 이 곡은 널리 알려진 치킨과 맥주 찬가다. 가사는 다음과 같다. "내가 프라이드치킨 좋아하는 거 알지 / 금요일 밤 시원한 맥주도 / 딱 맞는 청바지 입고 / 라디오를 크게 틀라고"

'튀김우동'
권나무

겨울이 되면 자동적으로 생각나는 요리가 몇 있다. 그중 하나가 튀김우동이다. 참 신기하지 않나. 튀김은 원래 바삭한 게 제맛인데 우동 국물에 적셔서 먹는 맛이 별미다. 여기에 튀김이 동동 떠 있는 뜨끈한 국물 한 모금 마시면 이 추운 겨울, 거뜬히 이겨낼 것만 같다. 권나무는 한국 인디를 대표하는 포크 싱어송라이터다. 따뜻한 무언가를 바라는 마음을 담아낸 곡이라고 보면 된다.

'Be Sweet'
Japanese Breakfast

최근 몇 년간 읽었던 에세이 중 1위를 꼽으라면 미셸 자우너Michelle Zauner의 《H마트에서 울다》를 선택할 것이다. 그만큼 큰 감동을 받았다. 책을 다 덮고는 이런 생각을 했다. 그렇게 지지고 볶고 싸우다가도 기저에 사랑이 있었음을 마침내 깨달았을 때, 대개의 인간은 대성통곡할 수밖에 없는 법이구나. 그 사랑의 매개 중 하나가 이 책에서는 요리다. 재패니스 브랙퍼스트는 미셸 자우너가 이끄는 밴드다. 재패니스가 들어갔지만 엄연히 한국계 뮤지션임을 기억하자.

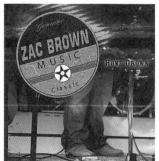

[Home Grown] (2005)

[튀김우동] (2016)

[Jubilee] (2021)

느긋한 점심 식사

사실은 바쁘지만 꿈처럼 느긋하게.

글·사진 **전진우**

뜸들이기

과장을 하자면, 나는 알람 없이 살고 싶어서 회사를 그만두었다.
늘 늦잠을 자다가 벌떡 일어나는 바람에 그간 수명이 얼마간 줄었을
것이다. 회사에 10분, 20분씩 일찍 오는 사람들을 늘 우러러봤지만,
결국 또 늦어서 머리를 긁는 게 나였다. 몇 년을 같은 일로 구박을 받다
보니 조금 나아지기는 했어도 이미지가 바뀔 정도는 아니었다. "잘 안되는
건 잘 안되는 것." 그렇게 생각하는 법을 회사 생활을 통해 배워 나갔다고
할 수 있다. (죄송합니다.) 사람들 사이에서 에너지를 얻는 나였지만, 결국
서른 중반부터는 혼자 일하는 쪽으로 계획을 수정했다. 그렇게 한 지 이제
6년째 접어들었다. 잠을 푹 자는 외로운 싸움이랄까. 좋은 점과 아쉬운
점은 늘 그렇듯 비슷한 크기로 내 앞에 놓여 있다. 힘든 이야기는 해서
뭐 하나. 아쉬운 점들은 잠시 넣어두고, 내가 언제나 기다리는 점심시간에
관해 적어본다. 오전 업무를 마치고 다시 집으로 들어오면서 시작되는
오후 2시 무렵의 빈 시간. 그 두 시간은 대낮의 선명한 꿈처럼 좋다.
지금처럼 겨울이어도 창문을 활짝 여는 것으로 시작되는 꿈.

멈추기

집에 오면 다시 편한 옷으로 갈아입는다. 창문을 열고 아침에 못다 한
이불 정리를 한다. 9평짜리 작은 원룸이지만 이 집에는 125센티미터의
커다란 정방형 창문이 두 개나 있다. 그걸 활짝 열면 겨울 이불도 바깥으로
내놓고 털어낼 수가 있다. 요즘 털을 기르는 중인 반려견 완두가 더
팍팍 털어내라고 뒤에서 짖는다. 사람들이 방이나 욕실 바닥에 떨어진
머리카락들로 고생하는 것처럼, 개도 자기 털이 골치인 모양이다. 창문을
열어둔 채로 청소기도 돌리고 완두 인형들도 한곳에 모아 놓는다. 그렇게
5분이면 짧은 청소가 끝난다. 먼지만 조금 없앴는데 집이 한 뼘 넓어진
것만 같다.

이제 (다섯 발자국 옮겨) 부엌으로 가 무얼 해 먹을지 고민해 본다. 아침에
전혀 식욕이 없는 나는 늘 이맘때 첫 끼를 먹는다. 냉장고에 있는 것들과
밖에 있는 것들을 머릿속에서 섞어보기도 하고 당장 먹어야 하는 게
없는지도 살펴본다. 나는 되도록 한 접시로 끝나는 것들을 원한다. 오래
끓여야 하는 것은 피하고 싶다. 정확히 말하면 그런 건 제대로 만들어 주는
사람에게 제값을 주고 사 먹고 싶은 것이다. 직접 해보니 시간도 참 오래
걸리고 맛을 내기도 어려웠기 때문이다.

요리를 배운 적 없는 나는 대부분 인스타그램이나 유튜브에서 간단한
레시피를 보고 따라 한다. 간단한 레시피라고 말했지만, 정말이지 그걸
따라 하다가 내 삶이 얼마간 변해버렸다 해도 과언이 아니다. 매일
한두 끼를 만들어 먹으며, 먹는 것과 요리를 해보는 것은 아주 다른
종류의 행위라는 것도 알게 되었다. '헤아릴 요, 다스릴 리.' 재료를
구하고 다듬고 조리 순서를 지켜가다 보면 어떤 작은 이치 같은 것들을
이해하게 되는데 거기에는 내가 미처 몰랐던 새로운 환경과 새로운 관계,
새로운 마음이 깃들어 있다는 것을 알게 된다. 10분 만에 끝나는 간단한
요리일지라도 말이다. 요리가 여행이나 대화 같은 행위와 비슷하다는 걸
나는 과카몰리나 후무스, 들기름 막국수, 봉골레 파스타 같은 음식을 따라
해보며 자주 떠올리곤 했다.

앞서 말한 종류의 음식을 해 먹으면 설거지까지 보통은 한 시간이면
끝난다. 이제부터는 완두를 조금 주무르다가 디저트 같은 게 있으면
먹고 책도 읽는다. 말 그대로 쉬는 것이다. 늘 뜸 들이길 좋아하는 내게는
조금씩 에너지가 차오르는 시간. 하루를 이제 시작하는 기분마저 든다.
한 시간 정도 진행되던 집 안의 분주함이 서서히 가라앉는 것도 본다.
오후 3시가 지나고 4시가 되어 간다. 시간은 휙휙 흘러가지만 어쩐지 잠시
멈춰 있었던 것 같기도 하다. 다시 옷을 갈아입고 완두에게 같이 나갈지
물어본다. 열한 살이 된 완두는 점심시간 이후에는 좀처럼 따라나서질
않는다. '산책'이라는 단어를 여러 번 말해도 침대에 푹 안겨 나를 힐끗
보기만 한다. '옆에 누울 거 아니면 나가.' 나는 완두 생각을 읽을 수 있다.
잠시 멈추기 위해 열어둔 창문을 닫고 혼자 집을 나선다.

다시 움직이기

지각을 일삼던 내가 잘하는 것이 있었다면, 바로 야근이다. 어쩔 수
없이 하던 초과 근무가 습관이 되었을까? 해가 질 무렵이면 저절로
차분해지면서 일이 잘됐다. 이때부터 드디어 제대로 일하는 내가 된다.
큰 기계를 켜서 나무들을 자르고 톱밥을 모아서 묶고 액자 수량과
사이즈를 꼼꼼히 계산한다. 시간이 금세 가지만 목표한 일도 하나둘
지워져 있다. 한참 일하다 보면 바깥은 금세 어두워진다. 아까 낮에
집에서 보낸 시간을 떠올리면 또 다른 의미의 꿈만 같다. 건물 1층에 있는
식당에서부터 내가 일하는 3층까지 저녁밥 냄새가 올라온다. 멀리서
퇴근하는 누군가의 발걸음 소리가 들릴 것만 같은 시간. 늦게 시작한
내게는 아직 일이 더 남아 있다.
"나는 남들보다 두세 시간 정도 늦는 것 같아."
예전에 친구한테 그런 말을 한 적이 있다. 늦잠으로 시작해 자꾸만 조금씩
밀려나던 시간들을 하루 끝에서 가늠해 보면 내겐 늘 두 시간이 모자랐다.
쉽게 생각하면 두 시간 당기면 될 일이었는데, 왜 그렇게 어려웠을까.
지금도 말이다. 그래도 언젠가부터 혼자의 생활에 익숙해지고 시간을
꼬집거나 늘리는 기분을 알게 되면서 나는 마음이 조금 편안해졌다.
시간이란 게 모두에게 다르게 흐른다는 걸 이제는 정말 믿는다. 어떤
하루는 참 오래 살았다고 스스로 느낄 때가 있다. 어떤 날은 건너뛰어
버리고 말이다. 어쨌거나 나라는 사람에게 중요한 것은 에너지를 적당히
채우는 것과 그걸 꼼꼼하게 잘 쓰는 것이다. 그런 생각 속에서는 내가 마치
휴대폰이나 자동차와 비슷하다는 생각이 든다. 그 단순한 느낌은 외려
신비로운 기분을 돋운다.
오후 2시에서 4시 사이에 나는 가득 찬다. 어쩌면 4시부터 8시까지
또 열심히 움직여 다음 날 점심 때의 여유를 빚어내고 있는 것일지도
모르겠다. 바쁘다면 바쁘고 어쩔 땐 지겨운 반복. 그런데 마음만은 어째서
떨릴까. 창문을 열면 바람이 제자리를 찾아 불어오고 완두가 또 짖는다.

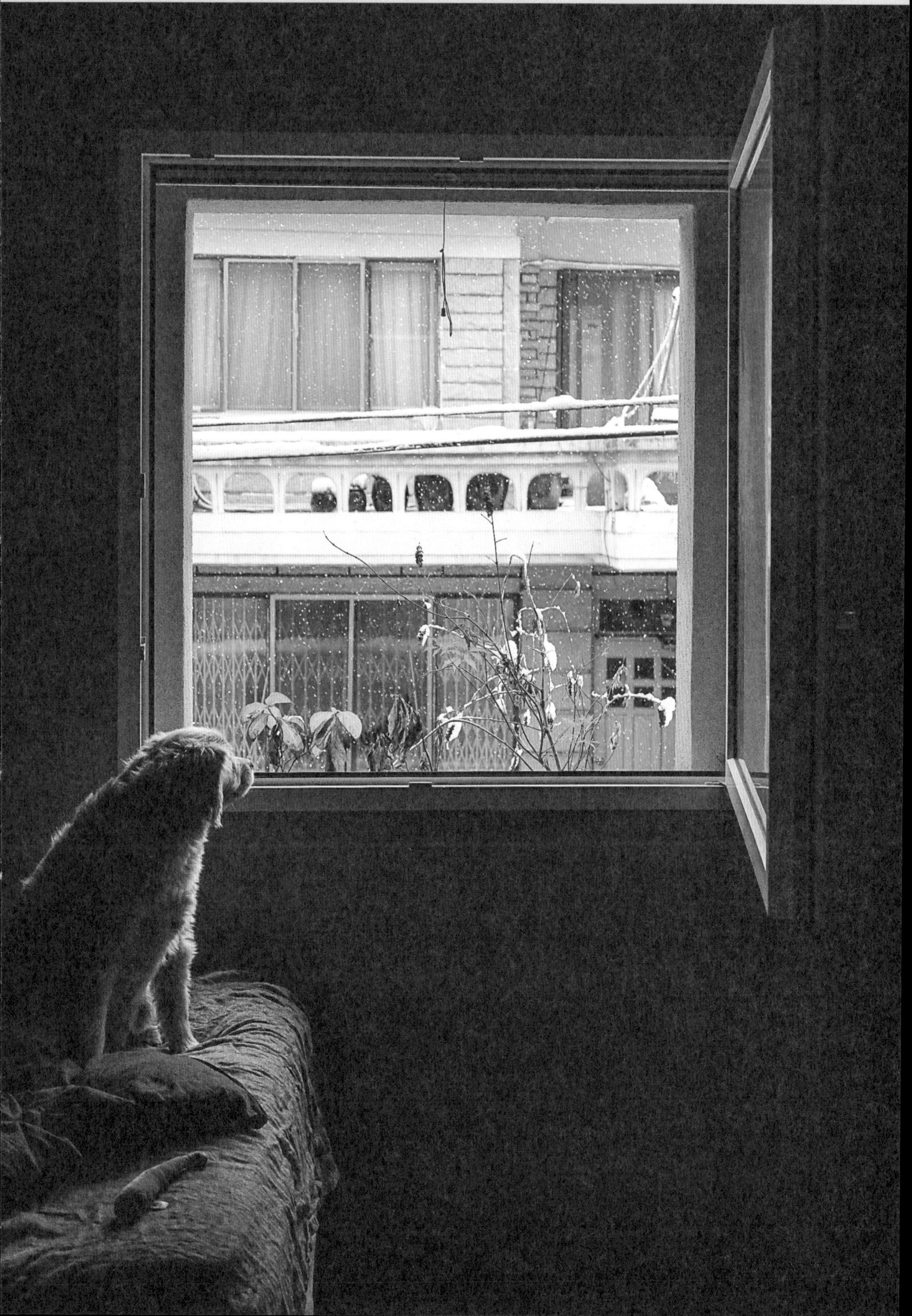

들도 보도 못한 이야기

글 이주연(산책방)   일러스트 휘리

맺도 보도 못한 포대

집 앞엔 제법 큼직한 공원이 있고, 집 뒤엔 야트막한 산도 있다. 대단히 밝은 건
아니지만 으슥한 구석도 없어 여기저기 사람 구경, 집 구경하면서 걷기에 좋다.
겨울이면 붕어빵이니 호떡이니 하는 간식도 즐비해 산책할 때 지폐를 챙기는 건
필수! 다른 동네에 비해 간식이 유난히 저렴해서 천 원 한 장이면 큼직한 붕어빵을
네 마리나 낚아 올릴 수 있다. 방에서 주운 동전들 모아 붕어빵 한 봉지와 바꿀
때면 어린 시절 심부름하던 기억이 떠올라 어쩐지 귀여운 기분이 된다. 그날도
그런 평범한 산책 날이었다. 초저녁 즈음, 엄마랑 동네 이곳저곳에 있는 시장 중
어디를 가볼까 하다가 '떡이 맛있는 시장'에 가기로 했다. 채소의 면면을 구경하고,
시장을 거니는 사람들 기운을 몸소 느끼고, 떡을 두 팩 고른 다음 서비스 떡까지
야무지게 받아 온 그런 날. 서비스로 주신 하얀 인절미를 입안 가득 넣고는
콩고물에 콜록거리며 집 앞에 도착했을 때 나는 깜짝 놀랄 수밖에 없었다. 집
앞에 이상하리만큼 거대한 물건이 놓여 있다. "이게 뭐야?" 엄마의 물음에 어깨를
으쓱하면서 수취인을 확인하는데 내 이름이다. 뭐 주문한 게 없는데…. 의아한
마음으로 짐을 들고 집으로 들어가려는데 무겁다. 너무 무겁다. 엄마랑 같이 끌고
밀면서 신발장까지 가까스로 옮겼다. 수상한 기분이 들어 곰곰 생각하는 나와
달리 성격이 급한 엄마는 일단 종이부터 찢고 본다. 빨리 열어보자며 손을 휘둘러
벌써 봉투 윗부분은 찢어지고 없다. 오 마이 갓. 거대한 다이너마이트 같은 거면
어쩌려고. 찢어진 봉투 사이로 빼꼼 보이는 건 다행히 폭탄 같은 건 아닌 듯했다.
포장을 거칠게 뜯는 엄마 손을 따라 드러나는 빨갛고 파란 로고, 그리고 상표. 눈에

들어오는 글자를 한 자씩 읽어보니 보, 리, 건, 빵. 응? 건빵? 왕왕 엄마가 마트에서
한 봉지씩 사 온 적이야 있지만 그건 고작 내 손 두 개 붙인 만큼의 크기였다.
두어 번 먹고 나면 사라질 정도의 양. 세상에 이렇게 큰 건빵이 있다고? 건빵이…
10킬로라고? 난생처음 보는 무지막지한 무게와 크기에 기가 찼다. 보낸 사람
이름은 '야채과일'. 꼬리에 꼬리를 물고 발신자를 찾아가니 친구의 소행이다. 좋게
말하면 담백하고 덜 좋게 말하면 건조한 친구. 희로애락의 고저가 크지 않아 늘
평정심을 유지하고 목소리나 억양에도 감정이 크게 묻어나지 않는 친구. 그러고
보니 친구의 성격도 건빵을 닮았다. 약간 퍽퍽한데 담백해서 계속 손이 가는….
친구에게 물음표와 함께 건빵 사진을 보내니 금세 답장이 온다. "건빵이 맛있어서.
너도 좀 먹으라고." 너도 '좀' 먹으라고 보내준 것치고는 무지막지하게 많은 양
아닌가. 무거워서 옮기지도 못한 채 신발장에 둔 건빵 포대는 저녁이 되고 아빠가
돌아와서야 제자리를 찾아 건넌방 구석으로 이동했다. 저걸 다 먹기까지 얼마나
걸릴까? 큰일 났다고 생각했는데 며칠 지나지 않아 기우라는 걸 알았다. 눈 뜨면 한
주먹, 일하다가 한 주먹, 자기 전에 한 주먹, 커피랑 한 주먹, 보리차랑 한 주먹….
친구는 잘게 부수어서 흰 우유에 시리얼처럼 타 먹으면 맛있다며 나름의 팁을
알려 주었지만 그렇게까지 할 겨를도 없었다. 부수고 우유를 붓기도 전에 이미
야금야금 먹어치워 하루 적정량을 먹게 됐으니까. 의외로 10킬로나 되는 건빵이
애물단지나 미션처럼 느껴지지 않았다. 이 정도 속도로 세 식구가 먹는다면 '금세
다 먹겠는데?' 싶었다.

매일 건빵을 먹다 보니 먹는 요령이 생겼다. 건빵은 심심하고 담백하고 제법
든든해서 식사와 식사 사이가 길어질 때 집어 먹으면 꽤 좋은 양식이 됐다.
밤늦게 먹어도 소화 시간을 두지 않고 바로 잠들 정도로 가벼웠고, 아침에 일어나
먹어도 적당히 퍽퍽해서 입안에서 굴려가며 먹기 좋았다. 심심하면 꺼내다가
먹었다. 심심하지 않아도 꺼내다가 먹었다. 그러다 어느 날엔 무심코 눈앞에
보이는 크림치즈에 건빵을 찍어 먹어 보았는데, '에? 이거 별미잖아?' 일상처럼
먹던 건빵에서 뭔가 새로운 맛이 났다. 담백한 빵이나 크래커에 크림치즈가 잘
어울린다고는 하지만, 누구도 건빵이랑 먹으면 잘 어울린다고 가르쳐 준 적은
없었다. 크림치즈와의 조합을 알게 된 이래로 건빵을 평소보다 스무 개쯤 더 먹게
됐다.

코로나19로 사람 만날 일 없이 이럭저럭 적응한 채 살아가던 중에 건빵 10킬로를
보낸 야채과일을 만나게 됐다. 코로나19가 아니더라도 자주 만나던 친구는
아니었으니까 실로 오랜만에 보는 거였다. 알게 된 건 10년이 훌쩍 넘었는데
단둘이 보는 건 처음이던가? 인터넷 친구도 아닌데 대면한 지 워낙 오래된
터라 막상 만나려니 낯설고 이상했다. 둘 다 북적거리는 건 그다지 좋아하지
않아서 동네 산책을 하고 공원을 걷기로 했다. 무슨 얘길 할까, 어색하진 않을까,
생각하면서 혹시 공백이 생기면 메울 방편으로 작은 반찬통에 건빵을 담았다.
크림치즈도 챙겼다. 소풍 간식으론 좀 이상해 보이지만 오작교 같은 건빵
10킬로인데 아무렴 어떠랴 싶었다. 생각만큼 어색하진 않았다. 건빵 10킬로도
받은 사이인데 어색하면 그게 더 이상하지. 공원을 걸으며 나무의 면면도 보고,
모처럼 하늘도 올려다보고, 놀이터에서 그네도 타고, 별말 없이 걷다가 "너는
김치찌개가 좋아, 된장찌개가 좋아, 부대찌개가 좋아?" 같은 걸 묻기도 했다.
그러다 사위가 적당히 푸르스름해졌을 때, 공원 매점에서 맥주를 한 캔씩 골랐다.

안줏거리를 고르자는 야채과일에게 "내 가방에 있어." 회심의 미소로 대꾸한 뒤
벤치에 가 앉았다. 길에 앉아 맥주를 따르다니. 엄청나게 어른이 된 것 같은 기분.
그것도 이제 막 무르익은 젊은 어른이 된 것 같아 어쩐지 기분이 좋았다. 준비해
온 반찬통을 야채과일에게 내미니 시시한 대꾸가 돌아온다. "건빵이랑 크림치즈?
뭔가 이상한데." 보란 듯이 크림치즈에 건빵을 푹 찍어 내밀었다. "건빵이랑
크림치즈? 뭔가 맛있네." 내 기준에서 '뭔가 이상한데.'와 '뭔가 맛있네.' 사이의
간극은 아주 크기 때문에 목소리의 고저가 반드시 달라질 터인데, 퍽퍽한 이
친구는 목소리의 파장에 변화도 없이 건빵과 크림치즈의 조화에 감탄한다. 너는
진짜 건빵답구나. 공백을 메울 방편으로 가지고 온 건빵인데, 우리는 건빵과
크림치즈 조합에 빠져 오히려 먹는 내내 아무 말도 하지 않았다. 그러다 불쑥,
"이거 계속 먹다 보면 5킬로는 순식간에 찌겠다." 하는 야채과일 목소리에
정신이 들었다. 무게나 거리에 별로 감각이 없는 터라 이전이라면 대수롭지 않게
넘겼을 텐데 5킬로라는 말이 문득 실감이 났다. 바로 며칠 전 내가 낑낑거리며
끌고 들어오다 포기한 건빵 포대가 10킬로니까… 5킬로면 그 절반? 인간은
무거운 동물이구나 생각하면서 크림치즈에 건빵을 푹푹 찍어 먹다 보니 건빵도,
크림치즈도, 맥주도 사라지고 없었다.
그런 이상한 조합들이 있다. 대중적으로 퍽 잘 어울린단 이야길 듣는 것들은
아니지만 함께 먹으면 궁합이 좋아 생각 없이 자꾸 먹게 되는 조합. 이를테면
부침개와 케첩이 그렇고, 건빵과 크림치즈가 그렇고, 튀김과 소금이 그렇고,
떡볶이와 김치가 그렇고, 겨자와 연근이 그렇고, 와사비와 구운 식빵이 그렇고….
그렇고 그런 것들을 쓰다 보니 괴식을 즐기는 사람인 것처럼 느껴지는데, 입맛도
유전되는 건가 하는 의구심이 든다.

듣도 보도 못한 음식

부침개와 케첩, 건빵과 크림치즈, 튀김과 소금, 떡볶이와 김치, 겨자와 연근,
와사비와 구운 식빵은 그래도 보편적이지 않나? 열 명에게 "이렇게 먹으면
맛있어!" 했을 때 여덟이 "웩!" 하더라도 둘쯤은 "먹어볼까?" 할 정도의 평범한
조합이라고 생각한다. (아닌가?) 그런데 억지스러울 정도로 이상한 조합을 만들어
먹는 사람도 있다. 짜파게티를 먹다 말고 식빵 사이에 짜파게티와 김치를 넣어
샌드위치를 만드는 사람. 대만까지 와서는 우육면을 먹다 말고 전날 숙소에서 먹다
남은 김맛 크래커 사이에 면을 올려 오픈 샌드위치처럼 먹곤 우육면 국물을 커피
마시듯 우아하게 들이켜는 사람. 달큰한 만주를 백김치에 싸서 먹거나 단팥빵
반을 갈라 단무지와 오징어, 옥수수를 넣어 먹는 사람. 우리 아빠다. 매번 그러는
건 아닌데 눈앞에 보이는 것들을 이상한 방식으로 조합해 먹는 데는 선수다.
그게 무슨 괴상한 요리냐며 만류해도 "왜? 이렇게 먹으면 샌드위치지." 하고는
짜파게티가 덜렁거리는 빵을 입안으로 욱여넣는다. 딱히 못 먹겠는 조합은 아닌데
절대로 맛있어 보이지는 않는 조합. 난 그냥 따로 먹을래.
어느 날엔 외출하고 돌아오니 건빵이 산더미만큼 튀겨져 있다. 군대에서 자주
이렇게 먹었다며 튀긴 건빵에 설탕을 와르르 붓는 아빠. 기름진 것도, 단것도
좋아하지 않는 엄마는 "아휴, 기름 아까워!" 하고 웃으며 등을 때렸고, 튀김을
좋아하는 나는 별미라며 설탕을 약간 털어내고 끝도 없이 먹었다. (아, 5킬로….)
그다음 날이었던가, 늦은 밤에 귀가하니 아빠가 잔뜩 만들어둔 튀긴 건빵 곁에
정체를 알 수 없는 건빵이 한 소쿠리 더 생겨 있다. 도대체 이게 뭘까, 아무리
유추해 봐도 모르겠다. 아빠도 엄마도 잠이 든 야심한 시각인지라 깨워서 물어볼
수도 없는 노릇이라 내 미뢰를 믿어보기로 했다. 단순히 퀴즈에 도전하는 심정으로
입에 넣어 보았는데… 퍽퍽하고 담백한 건빵의 식감은 온데간데없고 흐물흐물하게
입에서 흩어진다. 약간 눅눅하고 질퍽거리는 것이 꼭 젖은 상자를 씹는 것 같다.
그러는 와중에 고소하게 퍼지는 이 맛은, 달걀이구나! 정말이지… 맛이 없었다.
내 인생 그렇게까지 안 어울리는 조합의 음식은 처음이었다. 식감은 식감대로
파괴되었고, 맛은 맛대로 따로 놀았다. 보리차로 얼른 입을 헹궈내고 양치를 하고
가글까지 하고서는 잠에 들었다.
다음 날 일어나 그것의 정체를 물으니 '건빵 부침개'란다. 엄마가 전을 부칠 때
조금 남은 반죽에 건빵을 부어 부침개를 만들고 달걀물을 입혀 한 번 더 부쳤다나?
맙소사. 요리에 실패하더라도 아는 범주 내에서만 실패해 왔는데(설탕을 너무 많이
넣거나, 지나치게 짜게 되거나…) 이건 정말 듣도 보도 못한 실패의 맛이다. 세상에
뭐든 음식으로 만들어 먹는 부족이 있대도 건빵 부침개를 보면 역정을 낼 것 같다.
눈이 많이 내리면 미끄러지지 말라고 편의점 바닥에 두꺼운 과자 박스들을 펼쳐서
레드 카펫처럼 놓아두지 않나. 그 위를 많은 이가 밟고 가면서 눈이 묻고, 녹아
물이 되면서 박스를 적셔 흐물흐물해지지 않나. 건빵 부침개는 딱 그런 형상이다.
그 널브러진 상자를 씹는다면, 그 식감 또한 건빵 부침개와 별반 다르지 않을 테다.
일평생 그런 듣도 보도 못한 음식은 처음 봤다.
야채과일에게 받은 건빵 10킬로는 몇 달 내 금세 사라졌다. 그냥 먹고, 크림치즈에
찍어 먹고, 튀겨도 먹으면서 좋은 간식거리가 됐다. 야채과일은 그 뒤로 6킬로
건빵 포대를 한 번 더 보내왔다. 10킬로일 때보다 먹는 속도가 더뎠다. 맛은
있었지만 〈올드보이〉도 아니고, 타의가 아닌 자의로 계속 건빵만 먹기에는 세상에
먹을 게 너무 많으니까. 하지만 건빵은 여전히 좋은 간식거리다. 보이면 한두 개씩
집어 먹고, 심심하면 하나씩 또 집어 먹고, 커피랑 먹고, 우유랑 먹고, 맥주랑
먹고, 가끔 케첩이랑도 먹는다. 세상에 건빵을 총합 16킬로나 선물 받은 사람이 또
있을까. 가끔은 이런 것도 자랑이 될 수 있을 것 같다.

글·그림 한승재 — 무아하하하프렌즈

참바구니

"만약 첫 장면에 벽에 총이 걸려 있다면, 그 총은 나중에 반드시 발사되어야 한다."

영화나 연극 속에서 극적 장치, 이른바 '떡밥'에 대해 이야기할 때 많이 언급하는 문장인데, 찾아보니 유명 극작가 안톤 체호프가 남긴 말이라고 한다. 총이 발사되어야 한다는 것은, 어떤 장치가 등장한다면 그 장치는 반드시 사용되어야만 한다는 뜻이다. 나는 가끔 내 삶이 영화라고 생각하며, 쓸데없는 물건을 구입할 때 이 문구를 떠올리곤 한다.

"내 인생이 영화라면 말이야… 이 물건은 분명 결정적인 순간에 사용될 거야."

40미터 길이의 로프, 애매한 사이즈의 가방, 수술 돌래와 … 수많은 장치를 구입하며 이것들이 언젠가 발사될 순간이 있을 거라고 생각했지만 실제로 발사된 적은 거의 없다. 쇼핑할 때마다 이건 정말 중요한 물건이라고 생각하며 이것저것 사들이면서, 이제는 절대로 발사되지 않을 걸 알면서도 구입한다. 그러나 여는 영화적 정치들과는 다르게 요리 관련 쇼핑은 아주 높은 확률로 중요한 순간에 발사된다. 지금은 커다란 전자 오븐을 장바구니에 담아놓고 결제를 망설이고 있는 중이다. 이 전자 오븐이 나중에 발사될 순간을 나 자신에게 설명하려는 참이다.

사실 나는 요리를 잘하는 사람은 아니다. 배달로 조금 처량해서 싫어하고, 반조리 식품 전자레인지에 돌려 먹는 건 넣이 처량해서 싫어하는, 그래서 간단한 요리만 종종 해 먹는 사람인데, 그래서 근근한 점은 가끔 특별한 뭔가를 하려고 하면, 먹고 싶은 게 생각나지 않는다는 것이다. 무언가 미친 듯이 먹고 싶을 때가 있고, 그건 뭔가 공들여 요리하고 싶다는 욕구가 아니고 가끔 배달비를 쓰고 배달 오기를 기다리고 싶다는 욕구에 가깝다. 치킨이나 피자를 시켜 별로별로 벌컥벌컥 마셔 내 몸과 영혼을 파괴시키겠다는 욕구가 가끔

드러날 때가 있을 뿐이다. 그러나 무언가를 먹고 싶을 때 요리하고 싶다는 생각은 좀처럼 들지 않는다.

예전엔 먹고 싶은 거 적어놓기, 제철 재료 적어놓기를 하면서 스스로 요리하기를 독려한 적도 있지만, 그것이 화려한 요리의 충분한 동기가 되어주지는 못한다. 귀찮아서인지, 어째면 요리를 한다는 생산적인 마음가짐이 이 파괴적인 식욕과는 도무지 어울리지 않아서인지 모르겠다.

식욕만큼이나 파괴적인 행위로 나는 잡다한 쇼핑을 즐긴다. 언젠가는 발사될 것이라고 생각하며, 요즘은 필요한 것들을 계의 쿠팡에서 주문한다. 무언가를 사고 나서도 더 필요한 게 없나 뒤적거리는 시간도 한참을 가져본다. 그리고 인스타그램을 뒤적거리는데, 그곳에서 광고를 접하는 일도 점점 찾아지고 있다. 물론 광고를 보려고 들어가는 건 아니고, 인스타그램에서 남의 사진 기웃거리다 보면 거의 백 퍼센트 확률로 마음을 홀리는 광고를 만나고, 그걸 클릭하고 결제할까 말까 고민하고 있는 것이다.

재미있어 보이는 물건이나 예뻐 보이는 옷을 사는 건 내 인생에서 결코 발사될 리 없는 딱밤을 사는 것이니 조심해야 한다. 그것들이 결코 사용될 일이 없다는 것을 나는 이미 알고 있다.

하지만 잘 알고 있으면서도, 잘 참고 견디내 쇼핑과의 전쟁을 나의 승리로 끝나는 일은 거의 없다. 돈도 아끼고 쓸데없는 물건도 사지 않아 일석이조인 나의 승리로 끝나는 일은 거의 없다. 인터넷 쇼핑은 대부분 카드 결제 후 사용하지 않을 물건을 쌓아두어 집 안을 좀게 만들어 버리는 나의 익숙한 패배로 끝이 난다. 하지만 결제 내역이 요리와 관련한 것이라면 조금은 나 자신을 용서할 수 있다.

바닥이 눌어붙지 않도록 프로펠러가 돌아가는 프라이팬, 밥풀이 붙지 않는 주걱, 아껴 주스용 파워 블렌더, 에어펌프 보온 물병, 예쁜 병에 담긴 올리브 오일…. 최근 주문 내역이 된다. 밥알이 붙지 않는 주걱은 정말 밥알이 붙지 않는지 확인해 봐야 하고, 그라지면 괜히 좀 더 좋은 쌀로 먹고 싶어진다. 프로펠러가 돌아가며 바닥에 눌어붙지 않도록 하는 프라이팬으로는 자주 지어주지 않으면 눌어붙어 성가신 요리, 이를테면 라구 소스 같은 걸 만들어 본다. 에어펌프 보온 물병은 얼마나 오랫동안 보온 능력이 지속되는지 확인하기 위해 뜨거운 보리차를 채워 놓는다. 이렇게 하나씩 새로운 장비들은 요리의 동기를 제공해 주고, 운이 좋으면 건강한 습관을 들일 수도 있다! 그렇게 만족하면 쇼핑은 다음으로 이어진다.

어린 시절엔 심심할 때마다 집 안의 모든 서랍을 하나씩 열며 모든 서랍의 위치를 기억해 두었다. 그때 싱크대 아래 서랍은 모든 서랍이 무엇과 같은 것이었다. 요구르트 만드는 기계, 누룽지 만드는 기계, 화장품 만드는 기계, 팥빙수 만드는 기계, 다양한 종류의 네서들이었다. 그리고 요리 기구를 한때 어머니의 동기이나 집안조처럼 큰 요리를 만들어서, 그걸 사용하는 나의 모습과 비교해 보며 새삼 깨닫게 되었다. 아하! 엄마가 실험했던 수많은 요리들이 이렇게 탄생한 것이었구나! 삶에서 세 발화되지 못한 욕심이, 호기심이, 때로는 권태가 이렇게 음식으로 만들어져 주변 사람들을 돌보는 것이었구나. 조리 기구는 다른 사람들을 먹이기 위해 살 수도 있겠구나! 한편으로는 또 깨닫는다.

내 장바구니에 담긴 전자 오븐을…. 맞아. 그것을 물건이라고 생각하지 말자. 그건 엄연히 시나리오 작업이다. 언젠가 밥쳐버릴 좋을 사는 것이다. 2024년 한 해를 남겨버릴 좋을 사는 것이다.

작년은 나 그리고 주변 사람들에게 참 쉽지 않은 한 해였으니까 마땅히 무언가를 헤야만 하지. 나와 비슷한 업계에 종사하는 모든 이들이 경제적으로 힘들었고, 주변인들 중에 몸이 많이 아픈 사람도 많았다. 사람들에게 다르게 2024년은 특별히 정글정글하다고 생각하고 있었는데, 얼마 전엔 나와 내 주변인의 불운을 비우기라도 하듯 나라에 더 큰 일이 터졌다. 슬프고 아프고 분통이 터지는 일이 그치지 않았다.

그렇다. 2024년을 그냥 보내줘서는 안 되겠다고, 아주 시끄럽게 끝내려야겠다고 생각하며, 올해가 가기 전에 친구들을 모두 불러 모아 시끌벅적한 요리를 만들어야겠다고 생각했다. 작고 귀여운 음식으로는 안 되겠어! 그래, 그렇다면 마땅히 오븐이 필요하지 더 오븐이 필요해! 아주 커다란 요리를 해서, 이를테면 덩어리나 집안조처럼 큰 요리를 만들어서, 그걸 누룩노릇하게 구워서 모두 발라 먹고 빼다가만 남길 거야! 그리고 쓰레기봉투에 쁠를 가득 담아 버릴 거야! 쓰레기가자가 멀리 가져갈 수 있도록 쓰레기봉투를 꼭꼭 묶어서 내놓을 거야! 잘 가라, 2024년아. 다시는 보지 말자!

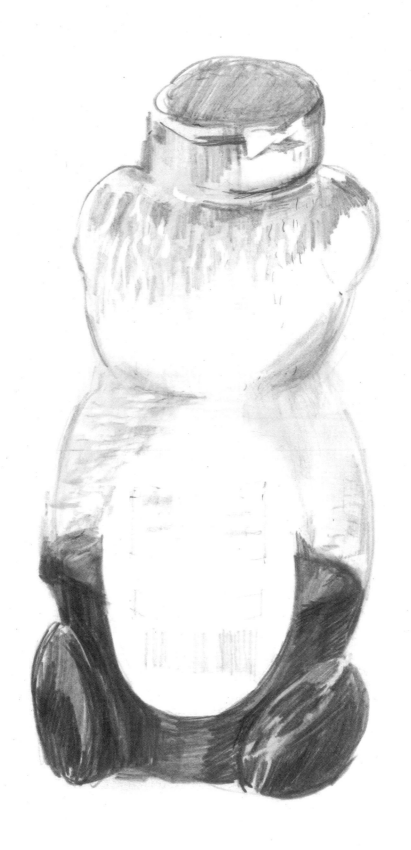

밥과 국, 그리고 반찬 하나

나는 요리가 좋다. 아니 싫다. 아니 좋은데… 싫다. 좋으면서
싫고 싫다가도 좋고 좋다가도… 아니 사실 꼴도 보기
싫은데… 가만 있자, 저거 맛있겠는데 한번 만들어볼까?

글 한수희 일러스트 점선면

〈무빙〉과 〈삼식이 삼촌〉 보느라 디즈니 플러스에 가입한 김에 뭐 또 볼 게 없나, 하고 뒤적거리다가 요리사가 주인공인 시리즈를 하나 발견했다. 제목은 〈더 베어〉. 이미 시즌 1과 2는 완결, 곧 시즌 3이 나온다고 했다. 그렇다면 믿을 수 있지. 세상에서 가장 어려운 'OTT에서 볼 거 고르기'라는 과제를 한 방에 끝낸 나는 아무 사전 정보 없이 드라마를 보기 시작했다. 나중에야 이 시리즈가 2023년 에미상을 휩쓸었다는 사실을 알게 됐다. 역시.

〈더 베어〉는 식당의 뒤편, 그러니까 주방이 배경인 드라마다. 그러나 이런 내용의 드라마에서 기대할 법한 것들, 보는 것만으로도 군침이 도는 요리, 셰프의 천부적인 재능과 혀를 내두를 만한 직업 정신, 열과 성을 다해 만든 요리에 감동받는 손님들, 수많은 역경을 딛고 끝내 이뤄낸 성공 같은 것은 '배경'일 뿐이다. 대신 이 드라마는 진짜 주방을 보여준다. 소스가 용암처럼 끓어 넘치는 커다란 냄비, 더러운 행주, 날카롭고 무딘 칼, 떨어지는 프라이팬, 속사포 같이 쏟아지는 명령과 욕설과 끝없는 말다툼, 타일 바닥 위에 쏟아지는 요리, 그치지 않는 전화벨 소리. 뜨겁고 비좁고 정신없고 시끄럽고 혼란스러운, 미칠 것 같은, 진이 빠지는, 그러니까 증기로 가득 찬 압력솥 안에 들어간 것 같은 그런 주방.

주인공 카미는 요리학교를 졸업하고 세계적으로 유명한 고급 레스토랑들에서 수련한 실력 있는 셰프다. 그러나 첫 장면에서 그가 눈을 뜬 장소는 싸구려 샌드위치 가게 주방이다. 그는 위기에 처해 있다. 가족 사업인 샌드위치 가게를 운영하던 형 마이클이 죽고 그가 가게를 떠맡게 됐는데 손도 대기 전에 이미 자금난으로 망하기 직전이다.

형과 함께 오랜 시간 자유분방하게 일해온 직원들은 고급 레스토랑 주방의 방식을 요구하는 이 샌님 사장을 따르지 않는다.

문제가 그것뿐이라면 이야기는 '젊은 셰프의 망한 샌드위치 가게 되살리기'에 지나지 않았을 것이다. 진짜 문제는 따로 있다. 카미는 늘 긴장하고 화가 나 있다 못해 폭발하기 직전처럼 보인다. 실제로도 그는 자주 폭발한다. 이유는 드라마의 제목에 있다. 더 베어. '베어'는 그의 성인 베어제토의 줄임말이다. 베어제토 가족에게는 문제가 많다. 심각한 분노 조절 장애에 충동적인 성향의 어머니 때문에 세 남매는 불안정한 어린 시절을 보냈다. 어른이 되어서도 그들은 내면의 분노와 두려움을 떨치지 못한다. 그래서 형 마이클은 자기 머리에 총을 쏘고, 누나인 나탈리는 늘 겁에 질린 채 주변 사람들을 눈치 보며, 카미는 화를 주체하지 못하게 된 것이다.

드라마 〈더 베어〉는 카미가 동료와 친구, 가족의 도움을 받아 그 산을 하나씩 넘어가는 이야기다. 물론 낡고 더러워진 행주를 아무리 열심히 빨든 새 행주가 될 리 없듯이 카미의 상처와 약점과 결점도 사라지지 않는다. 카미는 자신을 극복하지 못한다. 그저 그런 자신과 함께 살아갈 뿐이다. 한고비를 넘기고 또 다른 고비를 맞이할 뿐이다. 이 드라마를 보는 동안 나는 그런 것을 느끼게 된다. 세상의 어디에서 어떤 일을 하며 어떻게 살아가든 우리 내면의 어둡고 추잡한 것들은 언제나 우리를 따라다닌다. 그래서 시카고의 샌드위치 가게 주방에서건, 네팔의 히말라야산맥 절벽에서건, 남태평양의 화물선 위에서건, 서울의 국회의사당에서건 우리는 어떻게든

자기 자신과 함께 살아가는 법을 배워야 하는 것이다.
아무튼 〈더 베어〉의 시즌 1을 보고 있으면 확실히
샌드위치가 당긴다. 깔끔하고 담백한 샌드위치가 아니라,
오븐에 오래 구워 촉촉하고 부드러운 소고기와 그레이비
소스를 듬뿍 쑤셔 넣은, 육즙이 줄줄 흘러내리는 더티하고
섹시한 샌드위치가.
나는 원래 요리를 좋아하는 사람이었으나, 일도 하고 삼시
세끼 요리까지 해야 하는 상황에 처하자 서서히 요리가
싫어졌다는 이야기는 지난 호에도 쓴 적이 있다. 사실
요리에만 정이 떨어진 게 아니다. 살림에도 정이 떨어졌다.
거실 소파에 앉아 우리 집은 왜 이렇게 넓은 것인가… 하고
고뇌에 빠져 있는 매일이다.
그래서 《살림지옥 해방일지》라는 책을 발견했을 때 당장
읽어야겠다고 생각했다. 제목만 보면 이 책은 살림에서
벗어나는 법, 살림을 하지 않아도 되는 법, 살림이라는
지옥에서 해방되는 법, 아니면 똑소리 나는 살림법으로
살림은 지옥이라는 고정관념에서 벗어나는 법을 이야기할
것 같지만, 작가 이나가키 에미코가 들려주는 이야기는 좀
다르다.
이나가키 에미코는 나이 오십에 유명 신문사를 퇴사하고
무직으로 살아가는 이야기를 책으로 써서 우리나라에도
잘 알려져 있다. 퇴사 후 통장에 월급이 꽂히지 않는
초유의 사태에 직면하자 그는 고급 맨션에서 낡은
원룸으로 이사를 한다. 집이 좁아지니 그간 신나게 사 모은
어마어마한 양의 물건들을 수납할 공간이 없다. 그래서 다
버렸다. 버리는 기준은 단순하고 과감했다. '이거 없으면
죽어?' 옷은 열 벌 정도만 남기고, 절전도 할 겸 세탁기도

버리고 냉장고도 버리고 가스레인지까지 버렸다. 그러면서
그는 지금까지와는 다른 삶을 살게 되었다.

> 단시간에 부지런히 몸을 움직임으로써 정갈하게
> 정돈된 방에서 맛있는 음식을 먹고 마음에 드는
> 옷을 입으며 지내는 그런 이상적인 생활이 매일
> 실현될 수 있다면 아무리 게으르고 야무지지 못한
> 사람이라도 신나게 움직일 수 있다. 그때 나는 문득
> 깨달았다. 집안일이란 인생에서 돌고 도는 악몽이
> 아니라 '자신을 위한 접대'라는 것을.
> — 이나가키 에미코, 《살림지옥 해방일지》 중에서

사실 그에게도 오랫동안 살림은 지옥이었다. 매일 쌓이는
더러움을 날 잡아서 해치우고 나면 다시 또 더러움이
쌓이는, 해도 해도 끝이 없는 시지프스의 형벌 같은 일.
그런데 가진 것의 대부분을 버리고 거의 텅 비다시피 한
집에서 살게 되자 그 '아무것도 없음'이 생각지도 않게 그를
'살림=지옥'이라는 공식에서 해방시킨다.
옷이 몇 벌 없으니 매일 빨래를 해야 한다. 세탁기가 없으니
손빨래를 해야 하고, 손빨래를 해야 하니 가볍고 더러움이
잘 묻지 않는 옷을 입어야만 한다. 그렇게 매일 조금씩
그날 입은 속옷과 행주와 걸레를 손으로 빨아 널고 나면
상쾌한 기분이 찾아온다. 그에 대해 이나가키 에미코는
이렇게 썼다. "오늘의 더러움은 오늘 중으로 전부 없애고,
내일부터 새로운 하루를 시작하는 일은 이루 말할 수 없을
만큼 기분 좋다. 할 일을 하나도 남기지 않는 개운함이
마음도 새롭게 만든다."

1국 1반찬 생활을 보내게 된 초창기, 나는 눈뜨고
있는 동안 온종일 끊임없이 '오늘은 뭘 먹을지'를
생각한다는 사실을 깨달았다.
그런데 그것을 그만두니 돌연 머릿속이 개운해졌다.
무엇을 생각해도 좋은 '여유'가 생겼다.
　　　　　　　　　　—《살림지옥 해방일지》 중에서

그의 생활에서 가장 흥미로운 점은 하루 세 끼 같은 음식을
먹는다는 사실이다. 냉장고가 없으니 쟁여둔 식재료가
없다. 가스레인지도 없고 양념도 최소한, 조리 도구도
단출하기 짝이 없다. 그래서 매일 밥과 국, 한 가지
반찬이라는 똑같은 식사를 한다. 아니, 그게 가능할까?
한때 온갖 양념을 쌓아두고 요리와 미식을 즐기던
이나가키 에미코는 이 단순한 식단에 더할 나위 없는
만족감을 느낀다고 고백한다.
좋은 쌀로 갓 지은 밥은 그것만으로도 맛이 있다. 담백한
된장국은 아무리 먹어도 질리지 않는다. 가장 기분 좋은
변화는 더는 메뉴를 고민하는 데 에너지를 쓰지 않아도
된다는 것이다. 색다른 음식을 먹고 싶으면 주저하지
않고 식당에 가서 돈을 내고 사 먹는다. 이렇게 사 먹는
음식은 매일 어쩔 수 없이 밖에서 끼니를 때울 때와는 달리
감격스러울 정도로 맛있게 느껴진다.
그러게, 언젠가 내가 죽게 되면 마지막으로 먹고 싶은
식사는 뭘까, 하는 생각을 해본 적이 있는데, 의외로
스테이크나 로브스터 같은 게 떠오르지는 않았다. 내가
마지막으로 먹고 싶은 식사는 너무나 단순했다. 윤기가
흐르는 갓 지은 쌀밥, 시원한 겉절이, 배추된장국. 내가
가장 좋아하는 음식. 마지막으로 먹고 죽으면 여한이
없을 것 같은 음식. 그렇게 생각하니 처음에는 다소
충격적이었던 1국 1반찬의 생활이 달리 보였다.

아무리 힘든 일이 있어도, 이를테면 미운 상사에게
눈총을 받아 매일이 지옥이거나 사소한 실수로
친구에게 무시당하거나 부모가 이혼하거나 육아를
방임하거나 나이가 들어 세상의 변화를 따라가지
못해 깊은 외로움을 느낀다고 해도, 자신이 자신을
위하여 할 일이 있다면, 즉 맛있는 음식을 먹고
말끔히 치워진 방에서 지내고 마음에 드는 옷을
입고 생활하는 것을 자신의 힘으로 분명히
해낼 수 있다면 나는 아직 괜찮다고 안도한다.
확실히 땅에 발을 딛고 살아간다는 조용한
실감이 마음 깊은 곳에서 샘솟는다.
　　　　　　　　　　—《살림지옥 해방일지》 중에서

이나가키 에미코의 단순하고 만족스러운 생활은 그에게
여유가 있기 때문에 가능한 것이다. 그것은 '시간'이라는
여유다. 자본주의 사회에서 가장 갖기 힘든 것. 사실은
돈을 주고도 사기 힘든 것. 어쩌면 그는 돈을 포기하고,
다르게 표현하면 벌 수 있는 돈을 포기하고 시간을 얻은
것이다. 시간을 얻은 대가로 그는 가난해졌지만
그 가난함은 흔히 말하는 '빈곤'과는 다른 의미다.
나는 돈을 아주 많이 벌지만 온 가족이 매 끼니를
정크푸드로 때우는, 걸레 썩은 냄새가 진동을 하는 집에
사는, 더 일하기 위해 종종 수액을 맞는 사람을 알고
있다. 그 사람을 쉬지 못하고 일하게 하는 원동력은 과연
무엇인지 궁금하다. 또 너무나 빈곤해서 에어컨도 없이
여름을 버티고 보일러도 틀지 못하고 겨울을 보내는,
아무리 덥고 아무리 추워도 아픈 무릎으로 기듯이 폐지를
줍는 노인들도 알고 있다. 그들은 이 추운 겨울을 어떻게
날까? 도대체 가난은 무엇일까? 빈곤은 또 무엇일까?
모두가 노후를 두려워한다. 일할 수 없고 소득이 사라지고
빈곤의 구렁텅이에 빠질지도 모르는 노후를. 그런 막연한
불안감은 이나가키 에미코처럼 자발적으로 가난을 택해
씩씩하게 헤쳐 나가는 사람이 있어서 조금은 누그러든다.
그래서 나도 생각을 달리 해보기로 했다. 요리하고 먹는
일에 부담을 느끼지 않는다. 매 끼니는 밥과 국, 반찬
한 가지가 기본이라는 마음을 갖는다. 맛있는 음식이 먹고
싶으면 한가할 때 만들거나 식당에서 사 먹으면 된다.
곧 아이들이 집을 떠날 날이 다가오니 몇 년 후에는 남편과
둘이서 살기 좋은 아늑한 작은 집으로 옮길 것이다.
작은 집에 굳이 커다란 가전제품이나 각종 청소 도구를
구비할 필요도 없다. 옷도 신발도 가방도 이미 충분히
가지고 있다. 아무것도 하지 않겠다거나, 아무것도 사지
않겠다는 것이 아니라 '나는 이미 충분히 가지고 있다.'는
실감이 중요하다는 말이다. 내가 살아가는 데 필요하고 또
필요하지 않은 것들이, 내가 원하고 또 원하지 않는 것들이
무엇인지 아는 것이 중요하다.
너무나 단순하고 쉬운 답을 발견한 것처럼 기분이 좋다.
인생은 어쩌면 그렇게 어려운 것은 아닌지 몰라, 하고
순진한 생각을 하게 된다. 동시에 우리를 둘러싼 환경은
시시각각 변한다. 지난 연말 느꼈듯이 우리가 누리던
평온한 삶은 너무나 쉽게 짓밟힐 수 있다. 그럼에도
이나가키 에미코가 썼듯 우리의 생활을 건실하게 꾸려
나가는 한 우리는 '괜찮을' 것이다. 그 생활을 지키기 위해,
아무렇지 않게 평범한 매일매일을 되찾기 위해, 각자의
마음속에 작은 희망을 품고 이 복잡한 세상을 지혜롭게
헤쳐 나가 보기로 하자. 그러기로 하자.

잊지 못할 그때 그 맛

다시 먹어도 똑같은 맛일까? 아, 여전히 아른거리는 그 식탁이여.

뉴칼레도니아 호핑 투어 | 발행인 송원준

호핑 투어에서 만난 원주민 아저씨가 식사 시간이라며 숲속에 들어갔다. 살아있는 바닷가재를 딱 들고 나오더니, 돌멩이랑 나무 주워다가 불 피워서 대충 구워주는데. 그 비싸다는 바닷가재를 이렇게 먹다니. 정말 맛있었다. 또 가고 싶다.

포트윌리엄에서 만난 해산물 | 편집장 김이경

네 가족이 영국 캠핑카로 방방곡곡을 누비며 캠핑하다 포트윌리엄에서 만난 해산물 요리 전문 식당 'Lochleven Seafood Café'. 인적이 드물고 꼬불꼬불한 길을 지나 어렵게 만나 더 기억에 남는다. 호수와 산이 보이는 멋진 전망과 함께 굉장히 신선한 해산물을 먹었던 날을 잊을 수 없다.

신라면 작은 컵 | 에디터 이명주

중학교 3학년, 모두가 잠든 수련회의 밤. 나와 친구들은 번쩍 눈을 뜨고 가방 깊은 곳에서 금지된 컵라면과 커피포트를 꺼냈다. 불도 켜지 않아 깜깜한 와중에 물을 따르고 마침내 한 젓가락 호호 불며 먹는데, "너희 뭐 해!!" 그때 선생님은 어떻게 알고 왔을까, 그 한 입 정말 맛있었는데.

새해 잔치국수 | 에디터 차의진

송구영신 예배를 드리고 교회에서 1월 1일을 맞은 새벽. 아빠는 맛있는 걸 먹자며 엄마와 어린 세 남매를 어딘가로 데려갔다. 도착지는 야외 포장마차. 꼭두새벽부터 술잔을 기울이는 아저씨들 사이에서, 빨간 난로에 패딩이 녹을까 걱정하며 다 같이 잔치국수를 호호 불어 먹었지. 추위는 면 요리의 최상급 조미료가 분명하다.

2만 원짜리 맥도날드 치킨버거 | 마케터 문주원

슬리핑 기차를 타고 취리히로 넘어간 날이었다. 숙소까지는 다시 기차로 4시간. 무거운 캐리어, 길어진 공복, 순탄하지 않은 체크인에 우리는 지칠 대로 지쳤다. 가장 합리적인 가격과 보장된 맛을 위해 선택한 건 역시 맥도날드. 그날의 눈물 젖은 치킨버거는 절대 잊을 수 없을 테야!

몰래 먹은 짜장면 | 브랜드 프로젝트 디렉터 하나

야간자율학습만 시작하면 입맛이 도는 이유가 뭘까. 자고로 고3은 벼슬이니까(아님), 짜장면 정도는 시켜 먹을 수 있지(없음).

전우 같은 친구 C와 몰래 나와 인적 드문 동창회관 현관에 신문지를 깔고 중국집에 전화를 걸었다. "아저씨, 교문에서 물으면 교무실 배달이라고 해주세요." 여태껏 그날 먹은 것보다 맛있는 짜장면은 못 찾았다. 그 짜릿한 스릴의 맛.

생일상의 맛밤 | 브랜드 프로젝트 매니저 정현지

열 살 무렵, 생일파티를 위해 아빠의 퇴근 시간만을 기다렸던 기억이 있다. 지금 생각해 보니 아빠는 몸무게가 지금의 나와 비슷했던 거 같고, 매일 6시에 출근해 야근을 밥 먹듯이 했다. 주말에 함께 장을 본 뒤 사 먹는 맛밤을 참 좋아했는데, 바빠서 선물을 사 오지 못한 아빠가 건넨 건 맛밤이었다. 센스 넘쳐서 엄마랑 한참을 웃었다. 지금까지 받은 선물 중에 단연 최고야.

한국 피자가 더 맛있는데? | 브랜드 프로젝트 매니저 지정현

지 씨 삼 형제가 떠났던 유럽 패키지여행. 유일한 젊은이 세 명은 호기롭게 로마의 피자를 사 먹었으나, 너무 짜서 다 먹지도 못했다. "으악, 이게 뭐야?" 하던 표정들이 생생하다.

2022년 12월 29일 점심 | 브랜드 프로젝트 매니저 이하나

아이스링크장 가기로 약속한 날. 점심 먹고 가자며 집으로 부른 J. 요리에 영 관심 없는 애가 밥해놓고 날 기다리고 있었다. 힘든 1년을 보낸 내게 꼭 밥을 차려주고 싶었다고, 고향에서 반찬도 공수해 왔다. 구운 김과 달래장, 김치, 어설프게 타버린 문어 소시지가 놓인 밥상 앞에서 펑펑 울다.

더할 가, 무리 족 | 브랜드 프로젝트 매니저 오은정

2년 전 설 연휴. 함께 글을 쓰는 여덟 명이 모였다. 영하 18도의 날씨에도 마음을 뜨끈하게 데워주던 다 같이 끓여 먹는 떡국. 문득 가족을 이르는 한자를 더할 가加, 무리 족族으로 바꾸어 우리 모임의 별호로 달아주고 싶었다. 모자란 글뿐 아니라 이래저래 나를 더해주는 사람들.

밤 뇨끼 | 브랜드 프로젝트 매니저 최하은

낯선 사무실로 발걸음을 옮긴 지 얼마 되지 않은 어느 화요일, 팀원들과 함께 먹은 달콤한 밤 뇨끼. 처음 느껴보는 맛이 어라운드에서 시작하는 나의 처음과 닮았다. 아마 그날의 달콤함을 오래오래 잊지 않고 종종 그 기억을 꺼내어 먹고 싶어질 것 같다.

Vol.01 Vol.02 Vol.03 Vol.04 Vol.05 Vol.06 Vol.07 Vol.08 Vol.09 Vol.10 Vol.11

Vol.12 Vol.13 Vol.14 Vol.15 Vol.16 Vol.17 Vol.18 Vol.19 Vol.20 Vol.21 Vol.22

Vol.23 Vol.24 Vol.25 Vol.26 Vol.27 Vol.28 Vol.29 Vol.30 Vol.31 Vol.32 Vol.33

Vol.34 Vol.35 Vol.36 Vol.37 Vol.38 Vol.39 Vol.40 Vol.41 Vol.42 Vol.43 Vol.44

Vol.45 Vol.46 Vol.47 Vol.48 Vol.49 Vol.50 Vol.51 Vol.52 Vol.53 Vol.54 Vol.55

Vol.56 Vol.57 Vol.58 Vol.59 Vol.60 Vol.61 Vol.62 Vol.63 Vol.64 Vol.65 Vol.66

Vol.67 Vol.68 Vol.69 Vol.70 Vol.71 Vol.72 Vol.73 Vol.74 Vol.75 Vol.76 Vol.77

Vol.78 Vol.79 Vol.80 Vol.81 Vol.82 Vol.83 Vol.84 Vol.85 Vol.86 Vol.87 Vol.88

Vol.89 Vol.90 Vol.91 Vol.92 Vol.93 Vol.94 Vol.95 Vol.96 Vol.97 Vol.98 Vol.99

1년 정기구독

《AROUND》는 격월간지로 짝수 달 초에 발행됩니다. 정기구독을 신청하시면 어라운드를
온라인 콘텐츠로도 만나보실 수 있으며, 작업실 '발견담'의 이용권을 드립니다.

《AROUND》 매거진(총 6권) & 온라인 콘텐츠 감상 & 작업실 '발견담' 이용권
97,200원 / a-round.kr

AROUND NEWSLETTER

책에서 못다 한 이야기를 펼쳐 보입니다.
또 다른 콘텐츠로 교감하며 이야기를 넓혀볼게요.
홈페이지에서 뉴스레터를 구독해 주세요.

a-round.kr > Newsletter

Publisher

송원준 Song Wonjune

Editor in Chief

김이경 Kim Leekyeng

Editor

이명주 Lee Myeongju

차의진 Cha Uijin

Art Director

김이경 Kim Leekyeng

Designer

윤원정 Yoon Wonjung

Cover Design Guide

오혜진 O Hezin

Front Cover Image

최모레 Choe More

Back Cover Image

Mona Osterkamp

Photographer

강현욱 Kang Hyunuk

김혜정 Keem Hyejung

박은비 Park Eunbi

최모레 Choe More

Project Editor

이주연(산책방) Lee Zuyeon

이다은 Lee Daeun

김건태 Kim Kuntae

배순탁 Bae Soontak

전진우 Jun Jinwoo

정다운 Jung Daun

한수희 Han Suhui

한승재 Han Seungjae

황유미 Hwang Yumi

Illustrator

심규태 Sim Kyutae

오하이오 Ohio

점선면 Jeom Seon-myeon

휘리 Wheelee

Marketer

문주원 Mun Juwon

Copy Editor

기인선 Ki Inseon

Management Support

강상림 Kang Sanglim

Publishing

(주)어라운드

도서등록번호 제 2014-000186호

출판등록일 2009년 12월 5일

ISSN 2287-4216

창간 2012년 8월 20일

발행일 2025년 2월 7일

AROUND Inc.

서울시 마포구 동교로51길 27

27, Donggyoro 51-gil, Mapo-gu, Seoul, Korea

광고 문의 / 070 8650 6378

구독 문의 / 070 8650 6375

around@a-round.kr

a-round.kr

instagram.com/aroundmagazine

blog.naver.com/aroundmagazine